人体物理式 超越施術

—戦場サバイバルから生まれた—

服部修身
Hattori Osami

ヒカルランド

はじめに

「天才とは99パーセントの努力を無にする、1パーセントのひらめきのことである」――ニコラ・テスラ

マッドサイエンティストのレッテルをはられがちな彼ですが……なに、ただの天才です。ない技術は、つくればいいだけの話です。テスラはこの他にも多くの名言や格言を残していますが、それらには一貫して、「実」へのこだわりや、能書きだけの輩《やから》に対する反骨があらわれていると認識しています。僕もそうありたいものです。

まず、本書のカバーソデ・オモテにある写真をご覧ください。この写真は、

ヘバーデン結節とブシャール結節を併発していると思われる（または靭帯の石灰化が疑われる）クライアントさんの施術前と施術後の様子です。

この方は、身体の複数箇所にトラブル（詰まり）を抱えていたのですが、とりあえず僕の指から出る生体電流で溶かしてみました。僕はこの指から出るエネルギーを論理的生体電子エネルギーと名付け、その略称を、Ｅ・Ｌ・Ｅ（エリー）としました。

施術後の写真は、施術してから2週間後に撮影したものです。施術した次の日には、

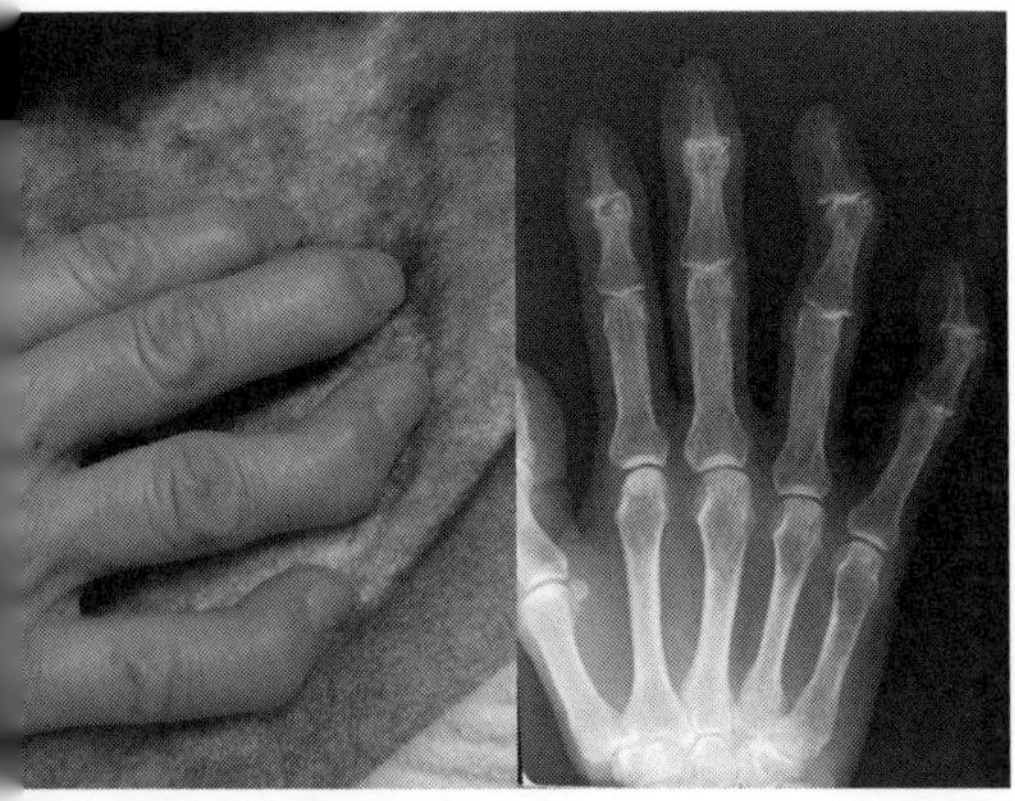

典型的なヘバーデン結節の症状（写真左）。ＣＴ画像（写真右）を視ると、関節の詰まり、及び変形がかなり進んでいる。病院では「諦めてください」と言われ僕のところに来た。この症状の改善（溶かす）が望めるのは、現時点では唯一、僕が施すE.L.Eのみ。写真のクライアントさんの場合、４回目の施術で右手小指の劇的な改善が見られた。なお、ボールペンの尖端程度の骨棘の「芽」であれば１回の施術で改善することが可能。

またもとの状態に戻ってしまいましたが、それから徐々にしぼんでいって落ち着いたようです。

人間の身体は、無数のパイプや硬軟取り混ぜた格子、ケーブルやポンプの集合体のようなものです。それらに不備が起きたときには合理的な手法と物理を駆使して何とか整えましょう、というのが、僕が独自に開発したE・L・E《エリー》と「人体物理式施術法」の極意なのです。

E・L・E《エリー》の使い手は、今のところ僕ただ一人ですが、日本には生体電流を操る「力」の芽を持つ方がたくさんいるはずです。実際、勉強会をやると、約10人に1人の割合で、指先からエネルギーを出せる方がいます。ちなみにイタリアでは1000人に2人程度の割合でした。

ボクシング界には、「左は世界を制す」という言葉がありますが、僕がつくった施術法「人体物理式施術法」の場合は、「流れを制すれば健やかを制す」という具合になります。

「人体物理式施術法」では、身体の隙間と出口をつくる技を極め、骨から整えます。極端に言えば、血流をコントロールする術を用いれば、たいがいの身体のトラブルは何とかなってしまうということなのです。もちろん施術では、薬も機械も使いません。

いわゆる天から、頼んでもいないのに特殊な能力を授かってしまいました。視える人いわく、僕は40代半ばになってから天から人を癒やすというお役目を押し付けられてしまったということで、まるで喜劇です。

一般的には、切除手術やステロイド使用などの方法しかない、前述の写真に類似したさまざまな案件は、最初は無理だと言って断っていました。だって病院でだめだったものを一介の施術屋がどうこうするなどということは、できるわけがありません。それでも依頼してくださるクライアントさんは多く、正気の沙汰ではありません。僕の施術で改善してしまったら、まさに荒唐無稽な漫画の世界です。非現実的な依頼内容の数々には、苦笑しか出ません。

しかし一方で、クライアントさんから与えられる難題を解決し、大先生やお歴々の鼻を明かすのもおもしろそうだなと、僕の持病であるところの中二病が発動して、ミラクルを起こすことになったのです。

ここで、僕の経歴を簡単にお伝えしておきましょう。

10～20代はボクシングや武術をたしなみ、陸上自衛隊に入隊し1任期満了除隊後、フランスで外人部隊に入隊。退役後は、イタリアのある大学で防災・サバイバルインストラクターとして活動し、独自のサバイバルトレーニングチームとしてS・I・P（Survival Intelligence Procedure）を立ち上げました。イタリアでは、「脳内外での模擬実験＝想像力をフルに稼働させ、備え、動くこと」を繰り返せば「経験」というゴールラインのすぐ下の位置までたどり着ける！　と教えていました。身体を整える施術技術も、そのプログラムのなかの一つに過ぎませんでした。

その後、イタリアの大学が運営するNPOグループに加わるかたちで、モロッコとイタリアを行き来する生活スタイルになって、格闘技、自衛隊や外人部隊、防災・サバイバルインストラクターとしての活動で得た知識と経験をもとに、通算5年ほど、難病に苦しむ人たちの施術を行っていました。

新型コロナウイルスの問題が起きたのをきっかけに帰国し、現在は神楽坂(ヒカルランドみらくる)などで施術を行っています。いまだに、本職は防災・サバイバルインストラクターだと言い張りつつも、スマートフォンの中身はクライアントさんたちのＭＲＩ画像やデータで埋め尽くされています。クライアントさんの笑顔を見られることは、僕にとって、やはりとてもうれしいことなのです。

本書では、そんな僕の漫画のような施術の世界と、ちょっと風変わりで冒険に満ちた人生のダイジェストへ、ご案内します。

もくじ

2章　冒険に満ちた人生、施術者への道　55

カバーデザイン　吉原遠藤（デザイン軒）
校正　鷗来堂
編集協力　宮田速記
撮影　中谷航太郎
本文仮名書体　文麗仮名（キャップス）

1章

武道＋サバイバル
技術から生まれた
「人体物理式施術法」
の極意

脱力は生き抜くための極意

あらゆる動きの基本は呼吸であると、武の道に入るまでの20年間、僕はそう信じて疑いませんでした。あまりにも無知でした。

実際の戦いの場にあるとき、倒さなければならない相手と対峙したとき、大相撲のような立ち合いはありません。呼吸を整えるとか合わせるとか、もちろん仕切りなども存在せず、いきなり待ったなしの勝負です。

「メシを食ったり、トイレに行ったりみたいな感じで喧嘩できたらいいよな、文字通り日常茶飯事で」。これは、僕の武道の師匠が折に触れて口にした言葉です。武道を学んだ後に経験した軍隊や防災・サバイバルインストラクターとしての生活のなかで、何度も心の内で呟いた言葉でした。

肩の力を抜くこと、『葉隠』（江戸時代に、鍋島〈佐賀〉藩士・山本常朝が口述し同藩士・田代陣基が筆録した書物）の「武士道といふは死ぬ事と見つけたり」の如く、動きに自由を得る「脱力」こそが、生き抜くための極意です。これは別に戦に限った話ではなく、日々の生活で行う、すべての動きに関して言えることです。

病気になる理由は生活習慣と水分不足

力を抜けば（脱力）、身体の中にある水分や栄養素の通る管への圧迫が取れ、水分や栄養素がスムーズに流れるようになって循環がよくなります。あらゆる不調を改善するためには、身体のかたいところをやわらかくして詰まりを取り、通りをよくしてあげればいいのです。

環状道路でも山手線でも何でもいいのですが、信号機が止まるなどのアクシデントが起きれば、車や電車の流れは止まってしまいます。これを身体に置き換えると、体内で何らかのアクシデントが起きれば、体内の血液や水分の通り道が詰まり、炎症や痛みとなってあらわれます。身体のトラブルに関しても物理的に捉えて、詰まりを流してあげればいいのです。

身体で起きている炎症や痛みを、ホースに例えてお話しすることもよくあります。蛇口にホースをつないで水を流したとき、詰まりやよじれ、変形があるとホースの途中が膨れ上がることがあります。それが人間の身体でいう

合気の理

合気の達人は脱力して力を最小限に抑えながら、相手から受ける力をもらって逃し利する。「人体物理式施術法」も、その理を生かして行う。

①相手の全体重を受ける。

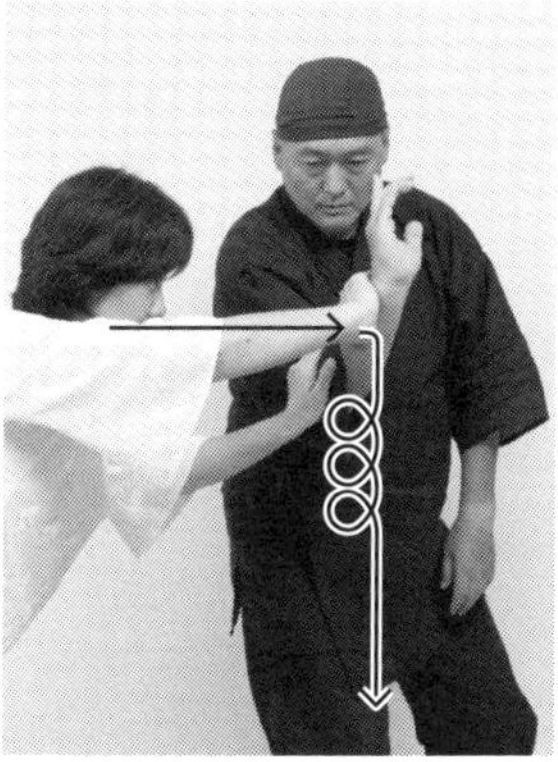

②相手から受けた力を脱力と体内のひねりで真下へ向かわせる。

③自らの力を使わずに相手を倒すことができる。

と、炎症、痛みが起きている部分です。

ホースリールにホースをねじれた形で巻きつけたままにすると、乾燥して劣化し、ねじれた形のままかたまってしまうことがあります。人の身体も同じで、普段の生活習慣や歩き方、癖などによって、身体に型がついてしまうことがあります。骨盤のねじれや神経の圧迫など、いろいろな状況が生じたまま固定してしまうのです。

ホースでは、ねじれた部分を正し、上にレンガブロックや植木鉢などで重しをして、本来の形に戻そうとするわけです。でも乾燥して劣化したホースは柔軟性がないので、なかなかもとの形に戻りません。ホースをお湯につけて水分を吸収させてやわらかくし、ゆっくり圧力をかけて、上から重しをしてあげればもとの形に戻ります。

身体も同じです。もとの形に戻そうと、一般的な施術で力にまかせてねじり上から押さえつけても、皮膚や筋肉や血管など、身体全体が十分に潤っていないと、もとの状態に戻るわけがありませんし、かえって痛みや炎症が増してしまいます。

年をとると背が縮むといわれます。人間は重力によって押さえつけられているので、本当に縮んでいるのです。若いうちは細胞が若く、水分も多く含まれていて弾力性があるから、縮むことはありません。老化するということは、水分がなくなって柔軟性を失い、縮む（しぼむ）ということです。

高野豆腐は乾燥した状態だと、簡単に折れますよね。水分を含ませると、やわらかくなって折れにくくなります。突き詰めて単純化して考えると、筋肉も同じことです。柔軟性を欠いた状態で、圧力をグッと強くかけてしまったら、壊れてしまうんですよね。だから施術をするならまず、身体に水分を与えて、やわらかい状態にしてあげないといけません。

身体の中を流れている血液や体液は、それらが流れる管が詰まるから止まり、身体がかたくなるから動きづらくなるのです。機械に耐用年数があるように、我々の肉体にもいずれガタがきます（経年劣化）。当然、定期的なメンテナンスが必要ですが、逆に言えば、しっかりと整備してあげれば、クラシックカーでも、街を疾走し続けられるということです。車でいえばオイルまわり、人間では循環機能が良好で、隅々まで潤いを行きわたらせて経路の詰まりをなくしてあげれば大丈夫です。

揺さぶり脱力させることで水分の入りやすい身体にする

僕はよく、「出口と隙間が大事」と言っています。目地が詰まって硬化している物質に、水は入っていきません。隙間がなければ水が入りにくいので、水分補給をしたいなら、まず隙間、水分が入る余地をつくってあげることが大切です。

身体の目が詰まってしまっているところは当然、網目自体がないボウルのような状態になっているので、それを僕は網目のあるザルにしてあげるのです。例えば、お菓子をつくるときに使う、持ち手を握ってカシャカシャと中をスライドさせて粉をふるう道具を、体内でカシャカシャカシャとやってあげる感じです。

体内の詰まってしまっている目は、上から押したって引いたってねじったって動きません。でも揺さぶってあげれば動くのです。僕の施術の基本は、クライアントさんの身体を揺さぶって、身体の筋肉や脂肪を振動させることによってスポンジ状にし、潤いやすくします。こちらからは直接的に力をかけることなく、クライアントさん自身の身体の重みで揺らし、筋肉をやわらかくしてあげるのです。

基本的な施術方法は、フェイシャルも含め、全部同じです。フェイシャルでも通りをよくし、肌質を碁盤の目のように均等に整えてあげるのです。それを行うためには、高速で揺さぶるしかありません。

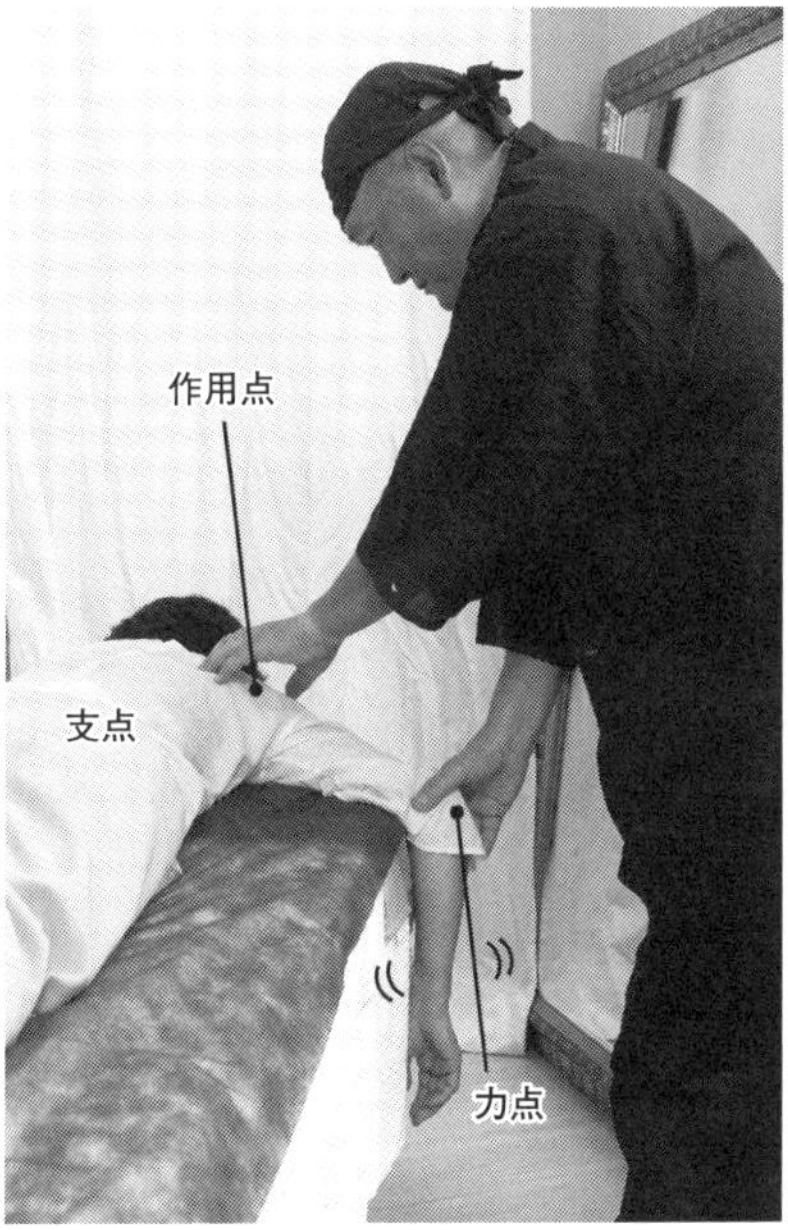

身体を揺さぶることで本来のやわらかさを取り戻す。施術者が、クライアントの身体に支点・力点・作用点をつくり出し、双方を脱力状態にして、過度な刺激を与えることなく改善に導く。

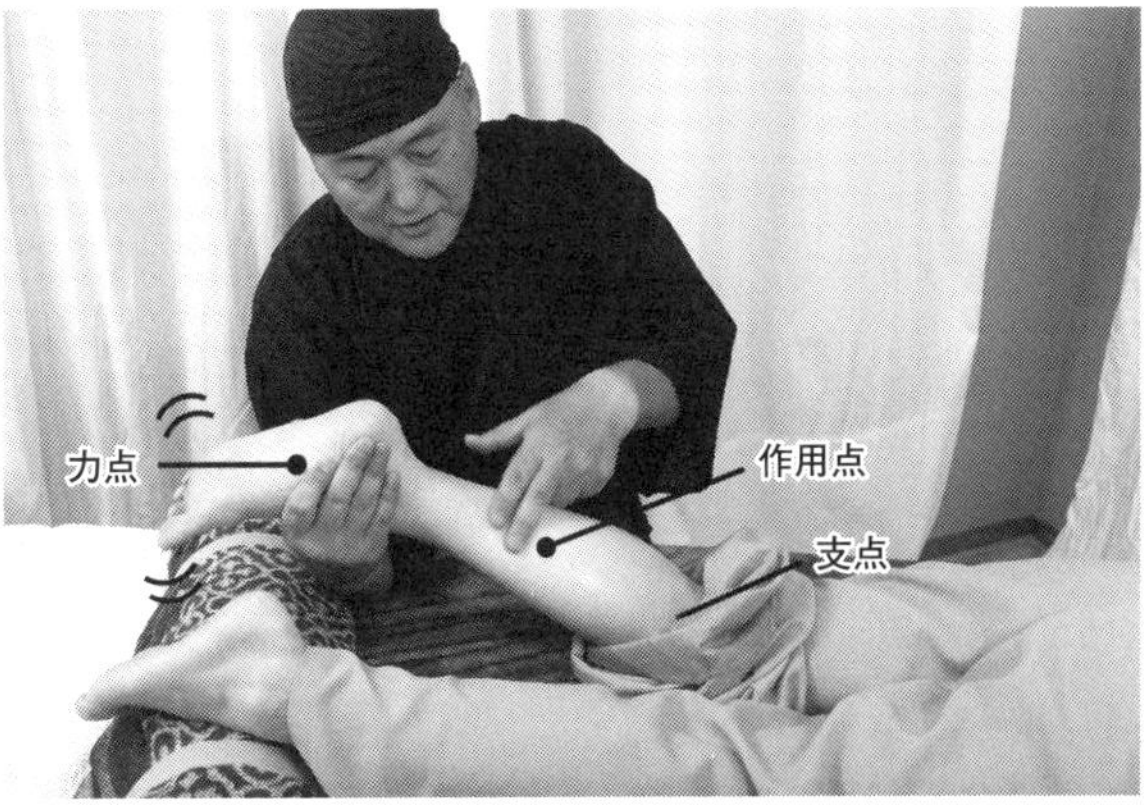

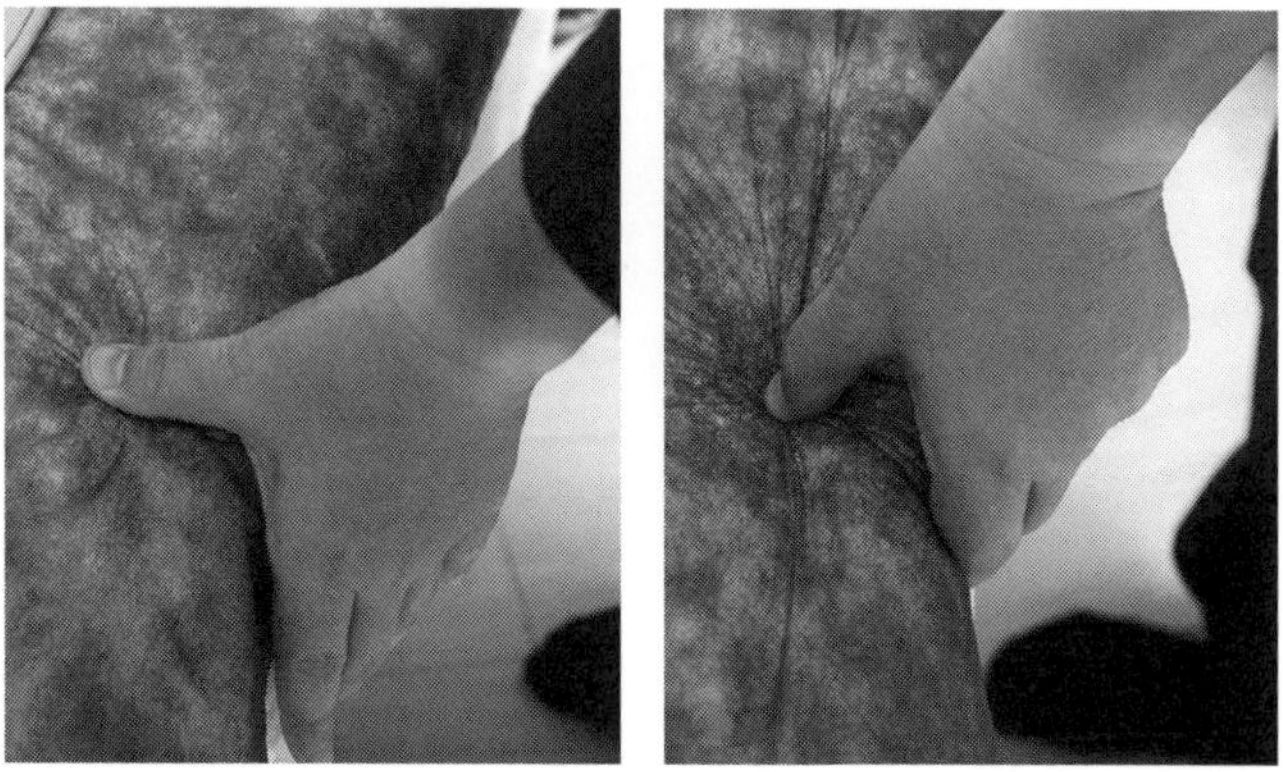

点ではなく面、押すのではなく沈ませるように重心移動して圧をかけることで整える（写真左）。写真右のように点に圧をかけると、クライアントの筋繊維などを破壊してしまう。

要するに、重要なのは血流、循環なのです。酵素も血流に乗って身体の隅々まで届けられます。だから、グリグリ、ゴシゴシ、コネコネする一般的なフェイシャルエステはいただけないのです。基本的に人は、押されたり叩かれたりしたら、痛いのです。そうして力をかけると筋肉は萎縮するので、血液も水分も、必要なものは何も入っていきません。10万円もする高級な化粧水を使っても、肌に入っていかないのであれば意味がありません。とにかく肌をプルプルにやわらかくしてあげなければならないのです。

身体を全体的に視て詰まりの原因を探る

なぜ身体が詰まるのかといえば、日々の食事や生活習慣、動きの癖などが原因です。

例えば足を組みながら座るのが癖なら、股関節にある神経が圧迫されて不具合が起きます。質量の大きなものが乗っかれば、当然、下にあるものは圧迫されます。例えば震災時に瓦礫などの下敷きになり強い力で長時間圧迫され続ければ、血が止まって紫色になり、下手したら切断しなければならないことも起こり得ます。そうした事態を避けるためには、身体に負荷をかけているものを知り、取り除いてあげればいいわけです。

身体に負荷をかけているものを探すためには、患部だけではなく、身体を全体的に視ていく必要があります。

例えば足の指先が痺れているときも、患部だけ見ていたら原因は見つけられません。座骨神経はくるぶしのあたりまで通っていますが、座骨神経痛の人なら、ベルトをきつく締めるとビリッと足の指先が痺れることもあります。一般的なマッサージや整体、病院でもですが、患部しか見ないことが多いものです。疾患にいたるまでの要因に何があるのかについては、癖や身体の置かれている状況など、総合的に探らないと分からないのです。

健康を保つコツは身体の整理整頓をすること

僕がやっているのは、身体の整理整頓のようなものです。単純な話なのです。部屋を片付けられない人は、使ったものを、もとの場所に戻さず、違う場所に置いてしまいます。身体でいえば、これが病気の状態です。僕の仕事は、それを「しようがねえな」などと言いながら、もとの場所に戻してあげること。その技術が今までなかったので、自分でつくったというだけのシンプルな話です。

クライアントさんには、身体の整理整頓が自分でできるようになるためのストレッチをお伝えすることもあります。それは一般的なストレッチとは違います。一般的なストレッチとは、僕から見るとただの筋肉運動です。一般的なアキレス腱伸ばしも、かかとにトントンとリズムカルに力をかけますが、それは筋肉を中途半端に動かす運動に過ぎません。

僕の教えるストレッチは脱力が基本ですから、力を抜けばいいだけの話です。でも「脱力してください」といきなり言っても、できる人はほぼいません。99パーセントいないと言ってもいいでしょう。

「脱力しよう」と思うと逆に無意識に力が入ってしまいます。脱力する方法で一番ポピュラーなのはヨガなどで行う腹式呼吸ですが、正しく腹式呼吸できる人は少ないものです。理にかなわない方法で行う腹式呼吸は、単なる腹筋運動になってしまうのです。

脱力すれば身体が緩み、かたさが取れます。かつてイタリアの大学で行っていたワークショップでは、学生たちに、「本気になるな」とか「やる気を見せるな」とよく怒鳴っていました。一生懸命やろうと思うと肩に力が入ってしまうので、「適当にやれ」ということです。もちろん、「適当に」というのは、さぼるのとは違います。自分で脱力できればいいのですが、それがなかなか難しいので、自分では物理的に脱力できないところを、僕が施術するということになります。

骨組みを整えてぶれない身体をつくる

重心がぶれない身体をつくり上げるためには、「やじろべえ」になりきることです。やじろべえは、身体（左右）のバランスを取る釣り合い人形です。物理の世界でも人間の身体の動きでも理屈は同じようなもので、やじろべえの重心が支点の真下にいくメカニズムを、人体物理に応用するのです。

そのためにはやはり骨から整えなければなりません。ビルの建設に置き換えれば、鉄骨から正確に組み上げなければならないということです。骨組みが歪んでいるのにいくら外壁や塗装でごまかしてもだめなのです。骨幹を正しく整えなければ弱い地震でも倒壊してしまいます。

かつて、「お前の手技は機械的だ、心がない」と、ある大先生からご意見というか反論をいただき、「あなたと同じレベルで語ってくれるな！」と思ったことがありました。しかし、身体をよりメカニックに考察して処理する機械的アプローチを行い、スピーディーで完璧な改善、プロの仕事と仕上がりを目指すという意味では、彼の「機械的だ」という指摘も誤りではないですね。

「シンプル イズ ベスト」、日本ではもう死語になってしまったこの言葉が僕流施術法の原理であり、新しい技術を開発するときに用いるマインドセットです。

さまざまな戦いの世界、謀略から戦略、そして最前線の戦術にいたるまで、いかに簡素化して末端までスムーズに伝達できるかが勝利のカギであると確信しています。近代戦の要は情報、インテリジェンスとその伝達手段である通信ですが、この理を人の身体に応用することで見えてくるものがあります。いわば潔く、人間をロボットに見立て、改善策を講じるのです。

僕なりの解釈で言えば、車のトラブルや故障が、身体における怪我や病気で、車検が、定期検診や予防医療といったところでしょうか。配線に不具合が生じていれば修繕し、油圧系統のトラブルで詰まりやねじれ、オイルの漏れや不足があれば、清掃や補充をすればいいのです。繰り返しになりますが、人体のメカニズムを知るには、まず簡素化して頭で認識し浸透させることです。

最高学府の医学部を首席で卒業したら、名医になれるのでしょうか。人骨の名称を全部暗記すれば、病気を治せるのでしょうか。技術は二の次で、心を込めて一生懸命に施術すれば、症状を改善できるのでしょうか。否、僕は結果がすべてだと思っています。お金をいただく以上は、それに見合う仕事をしなければなりません。上っ面の知識をため込む暇があったら、腕を磨くべきで、等価が最低条件なのです。

物理学的アプローチ＋論理的生体電子エネルギー（E《エ》・L《リ》・E《ー》）による施術

さて、僕の今現在の施術スタイル「人体物理式施術法」とは、物理学的アプローチ（手技）＋論理的生体電子エネルギー（E《エ》・L《リ》・E《ー》）による施術のハイブリッド型ですが、モロッコで活動していた6、7年前ごろはE《エ》・L《リ》・E《ー》を用いた施術が9割でした。モロッコでは、いわゆる不思議な力で、押し寄せる人々を癒やす日々を過ごしていました。

E《エ》・L《リ》・E《ー》とは、フランス語Énergie Logique Électronique（電子、論理、エネルギーの意）の略称、造語で、実際には「論理的生体電子エネルギー」

という意味で使っている言葉です。もともとの正式名称はSCIENCE E.L.E SEI-TAÏで、それを帰国した際に分かりにくいと指摘され、和訳したのが、今のかたちです。「論理的生体電子エネルギー」をインターネットの翻訳機能を使って訳すと、英語ではLogical Bioelectronic Energy、フランス語ではÉnergie Bioélectronique Logique、イタリア語ではEnergia Bioelettronica Logicaとなりますが、語呂の悪さや由来の語りやすさでE《エ》・L《リ》・E《ー》にしたのです。

E・L・Eを「エリー」と読ませるところは、ハリウッド映画「ディープ・インパクト」に出てくる「Extinction Level Event」（世界を滅亡させる出来事。諸訳あり）の略称「E《エ》・L《リ》・E《ー》」から拝借しました。人を救ったり身体を癒やしたりするための最終手段という、うぬぼれ的な意味も含めています。

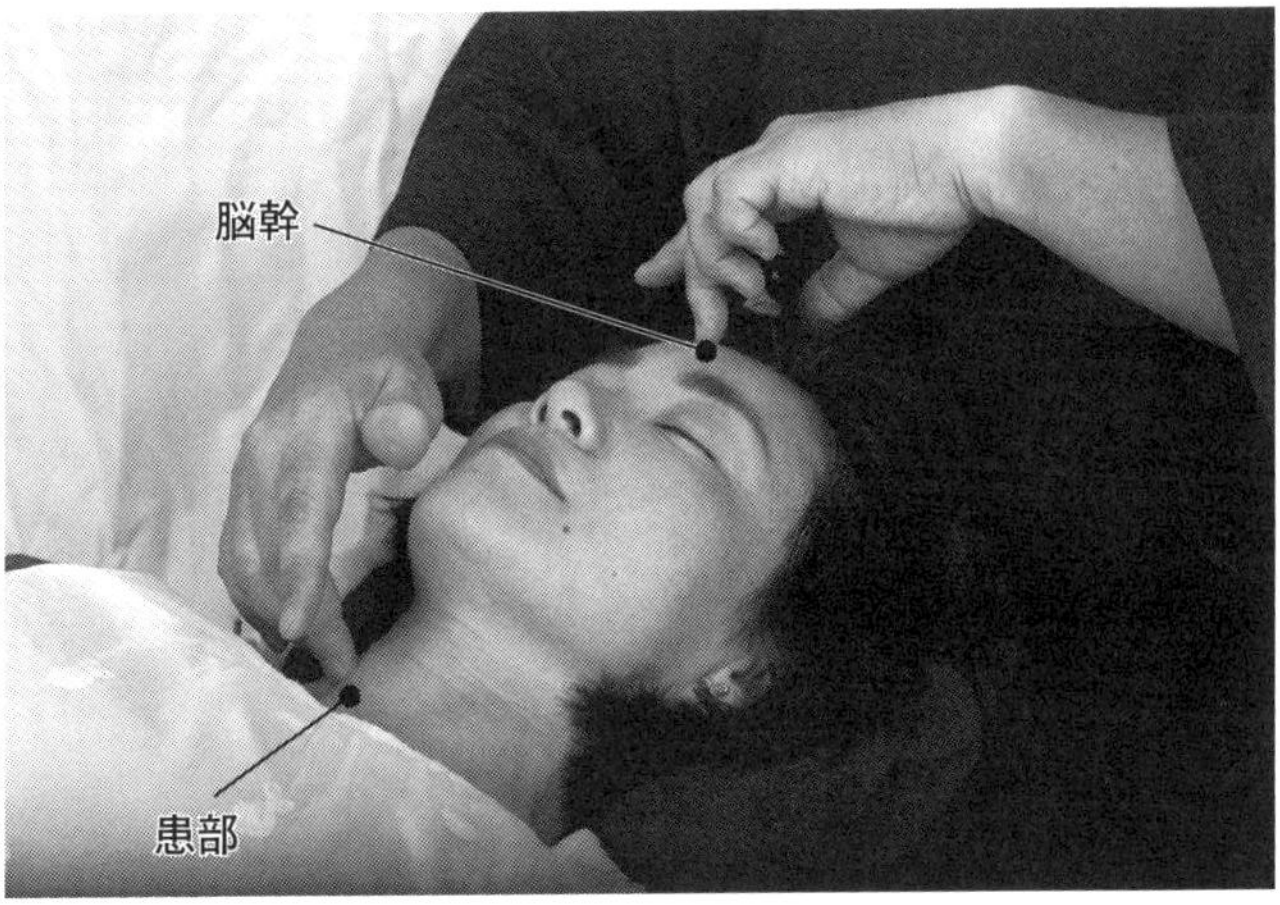

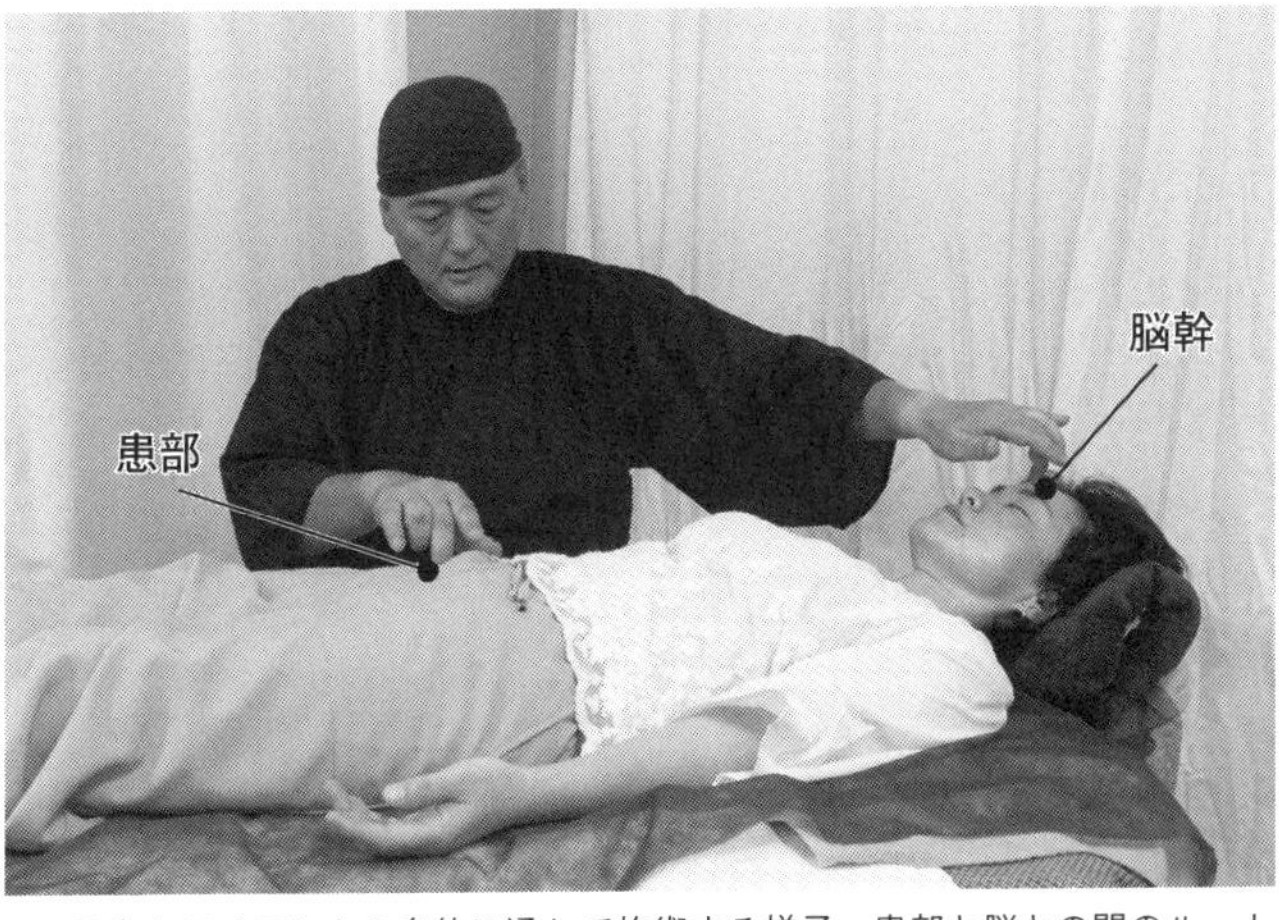

E.L.E をクライアントの身体に通して施術する様子。患部と脳との間のルートに E.L.E を流す（通電させる）ことでトラブルを改善する。

人間の身体には微弱な電流（生体電流）が流れています。手足や内臓など、身体のあらゆるパーツは、脳からの電気信号による司令で動いています。

僕は自分の生体電流を触手のように動かしたり、散水ノズルのように絞りを自由自在に調節したりすることができます。電気技師や修理工のような職人の技術で通電させながら、クライアントさんの身体を理想的なフォルムにデザインするわけです。それは町工場の職人さんがロケットの部品をつくっているようなものです。または大手メーカーや大病院にはできないことを零細企業の名人や診療所にいる隠れた名医が行っている仕事のような感じです。

生体電流は生きている人間なら誰もが持っています。なければ死んでいます。ただし、過去に大病を患った方や、いわゆる病気の方、病名がついていないだけで身体がボロボロの方や、自覚症状がないだけであちこちが詰まりまくっている方などはE《エ》・L《リ》・E《ー》で電圧を計ると、エネルギー値が低かったり弱かったりすることが多いです。いわゆるバッテリー切れで身体の調子が悪いのです。

力まかせの施術は無意識に身体が拒絶する

僕の施術のメカニズムの基本は、「硬↓軟」です。「硬↓軟」は、「剛↓柔」と置き換えてもいいのですが、施術技術に関していえば、基本的に強い力を使うのはよろしくないと考えています。

一般的な施術は、無理な力による強引な攻めによって痛みを伴います。施術を受ける側は、圧迫という攻撃をブロックしようと、無意識のうちに筋肉をかたくすることになります。

むかし、ある格闘家が渋谷センター街で後ろからナイフで刺され、反射的に全身に力を入れたため、身体に刃先がわずかに入った程度で済んだという話を聞いたことがあります。これはその格闘家が話を盛った武勇伝でも何でもなく、本当のことでしょう。力を入れ筋肉を締めることによって相手の攻撃から身を守ることは、軍人の間でも当たり前の話です。あなたも一度は街中で大きな破裂音を聞いて身をすくめた経験があるはずです。とっさの出来事に身体に力が入るのは、身を守るための単純な反応なのです。つまり、強い力による施術は身体が攻撃と捉え、身体をかたくしてしまいます。施術は「硬→軟」を目指して行うものなのに、逆効果となってしまうのです。

最近では、痛くない施術がはやっているようで、クライアントさんのなかにも、巷のはやりを求めてこられる方がたまにいらっしゃいます。しかし、

E.L.E《エリー》を使うためのトレーニング方法

心の痛みと身体の痛みを処理する脳の部位は同じ。
1　拍手を1分間続けて万歳をしてから床に指先をつけて、どの指から論理的生体電子エネルギーが出ているか、またはどの指から論理的生体電子エネルギーが一番強く出ているかを感じる。
2　コップに入っている水を肩から少しずつ流して指先から滴り落ち、床に広がるのをイメージする。肩の関節に隙間をつくるように脱力するのがコツ。
3　2が難しければ、ゆっくりと深呼吸をして炭酸水をイメージし、血流に炭酸水（エネルギー）を流し込む。イメージした炭酸水の泡を、シューッとはじけるように指先から放出させる。

E.L.E《エリー》の放出方法例

E.L.E を出す方向や性質、強弱などは、さまざまに変化させることができる。

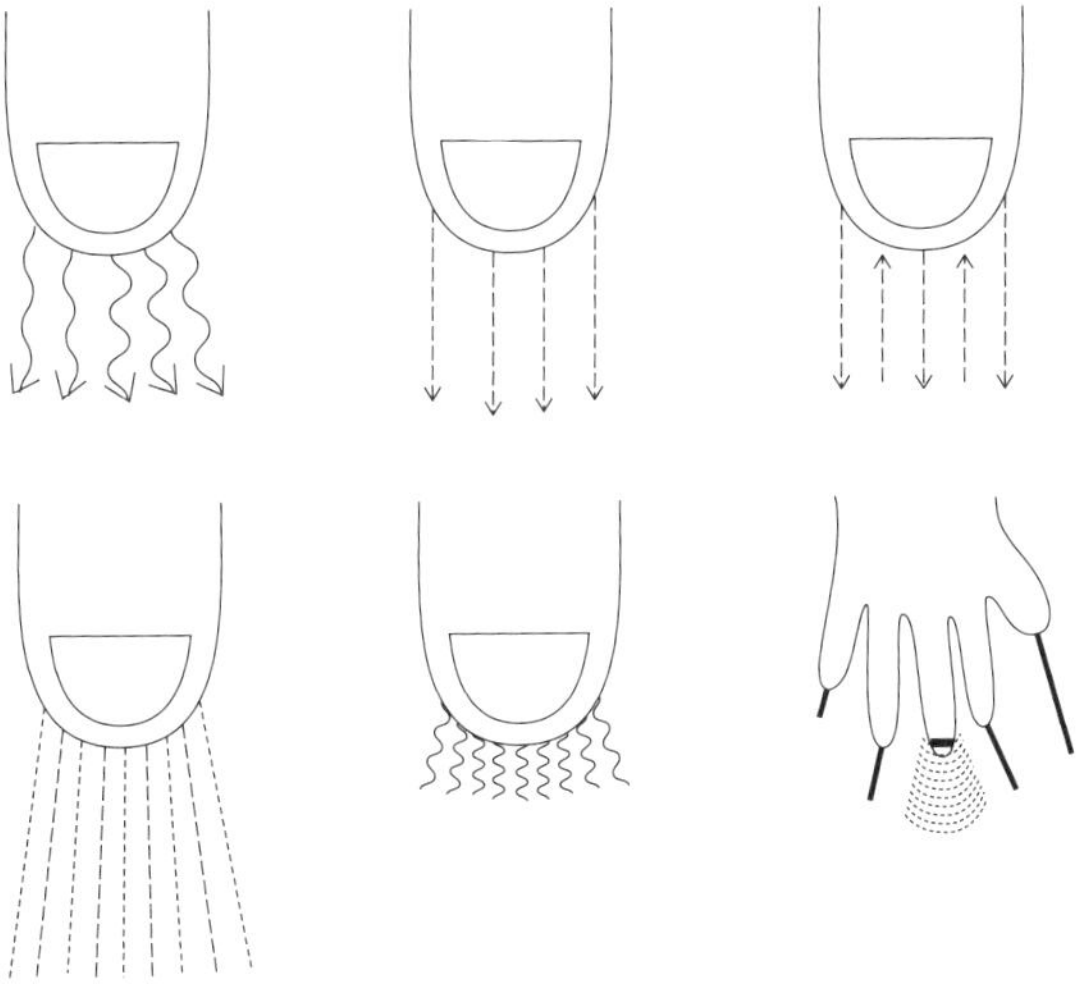

痛くない＝強引な攻めではないから身体によい、とも限りません。痛くない施術を紹介している YouTube などの動画を見る限り、「腰痛専門」のバッタもん、あるいはむかしからある整骨技術に軽薄なアレンジをちょい乗せしてカタカナの名前をつけたり、一般的な施術をただゆっくり、そっとやっているだけだったりするシロモノが多いようです。

たまにですが、いわゆる同業者が偵察のために施術を受けにくることもあります。大体の方が真面目で、30分ほど経つと自分の正体を明かし「変わった施術法ですねぇ」とおっしゃいます。

それはそうです。「倒」または「殺」の技術を極めようと頂を目指す道すがら得た人体の読解能力と経験を、モロッコで「治」と「癒」に変換して編み出し、大切な人のために紡ぎ上げてきた、ラブソングのような施術法なのですから。

グイグイゴリゴリは炎症を悪化させるだけ

僕の施術は、背の低い施術ベッドを使ってクライアントさんにまたがり、体重を思いきりかけてグイグイゴリゴリ、強くモミモミ、あるいはオイルを塗って指先で皮膚を突っ張らせながらすべらせる一般的な施術とは違います。

6年半ほど前までは、いわゆる一般的な施術のスタイルを踏襲していましたが、モロッコのある医療機関に在籍していたころに得た「気づき」を経て、現在の施術法の開発を始めたのです。

電気を当ててもらうために近所の整骨院へ通っていますが、電気治療は出力が強過ぎると筋肉が萎縮し過ぎて逆効果だから、「ほどよいところでストップと言ってください」と言われます。筋肉が過度に萎縮するとよくないと知りながら、なぜこの業界の方々は手技の際に筋繊維に対して、まるで親の敵みたいにグイグイゴリゴリとつらくあたるのでしょうか（笑）。

極論を言えば、例えば肩凝りとかふくらはぎが痛いのは、何かが滞り、血行不良や炎症などが起きているということですよね。打撲や打ち身、捻挫を起こしているようなものですよね？　それを揉んだり強く押したりするバカはいません。なぜ炎症を悪化させるような施術をするのか、もしくは毒にも薬にもならないようなトリートメントのスタイルを守り続けるのか、今の僕には理解できないのです。

数年前、日本に帰国したてのころ、短期間ですが、静岡県のあるグループに施術技術を教えていました。そこではよく、「なぜそんなやり方で身体がやわらかくなるのか、理解できない。今までの常識を根底から覆す技術」と言われましたが、気づくのが皆さんより早かっただけの話です。クライアントさんが「強く揉んでくれ」とか「ぎゅうぎゅうやったほうが効く」とかいう施術の誤りに、僕はただ気づいただけなのです。

身体は強い刺激に対して、無意識にリアクションを起こすわけです。すると施術者は「かたいですねぇ」なんて言いながら、さらに強く押したり揉んだりしようとします。それは、アクセルとブレーキを同時に踏むようなものです。せっかく右手で掘った穴に左手で土を入れてしまうようなものです。

施術者は、コシが強い讃岐うどんではなく、フニャフニャで弾力がない九州のうどんを打たなければならないのです。

脱力することで威力を増すから疲れない

「人体物理式施術法」で、一般的な施術による圧迫に相当するものは、浸透する打撃技の応用です。素手ではなくグローブをつけた効くパンチ、敵を倒せるパンチを施術に変換した技です。

かたい拳で殴り合っても、相当数のパンチをぶち込んでも、なかなか相手を倒せません。これはなぜかというと、パンチを受けるほうは痛みを感じると筋肉が収縮して鎧をまとい、プラス、打つほうも緊張で力んでしまい、相手を倒せるほどの威力のあるパンチを出すことができないからです。野球のペナントレースで「ああ、〇〇投手、力んだ！　大暴投」と、ピッチャーがストライクを取りたいがあまり四死球を繰り返す場面や、ボクサーが相手を倒そうと急ぎ、力が入り過ぎて動きが遅くなるのと同じです。

また、ボクシングの一流選手は、素人が宣うところ、あるいは古臭いボクシングを語る方々が言うところの「腰を回して打つ」をやりません。強いチャンプの試合映像を見るときは、足に注目してみてください。超一流の選手は打つとき、足の親指の付け根（拇《ぼ》指球《しきゅう》）と膝を内側にキュッと回転させ、そのねじりのパワーをロスなしで上体に伝達してパンチを放つので、腰はほとんど回っていないのです。これはいわゆる肩を抜いたパンチなのですが、僕も脱力することで威力を増すメソッドの打撃系の武道を学習し、施術にもそれを応用しているため、手技で疲れることはまずありません。

初めてのクライアントさん、難しい身体のトラブルを持つ方には、ある程度改善の目処をつけて帰っていただきたいと考えています。ですから午前11時から午後6時半くらいまで、ぶっ通しで施術するなどということは、ざらにあります。E《エ》・L《リ》・E《ー》をそれほど使うケースでなければ、脱力、リラックス状態で動くので、肉体的な疲労はほぼありませんし、力や体重をクライアントさんに乗せるようなレベルの技術ではないので、施術業界あるあるの腰痛も起きません。

ただしE《エ》・L《リ》・E《ー》でしか改善を図れない方が続くと、ダメージがたまってしまいます。E《エ》・L《リ》・E《ー》を使う施術が続いた日、自宅に帰って体重計に乗ったら3キログラムも落ちていたということも、これまたざらにあるのです。自分の命を薄～く削りながらの施術になりますから、当然、エネルギーを取り戻そうと、甘いものや油物を身体が欲するということになります。これはまあ、太ったオッサンの言い訳でしかありませんが。

施術は問診票ではなく「スキャン」から始める

さて、漫画的スペックを多用する僕ですが、ここで少し「スキャン」について詳しく語らせていただきます。

モロッコでドクターを演《や》っていたころから、問診票の類を使わない流儀でした。それは今後も変わらないでしょう。その理由は簡単で、視れば身体の状態が分かるからです。だいたい問診票に本当のことを書く人間なんてごくわずかですし、ましてやモロッコの女性は恥じらいがテンプレートですから悪意があるわけではなく、うそしか書いてくれませんでした。

例えば日本人の特性として、メガネ屋さんでの視力検査で目を凝らし、度

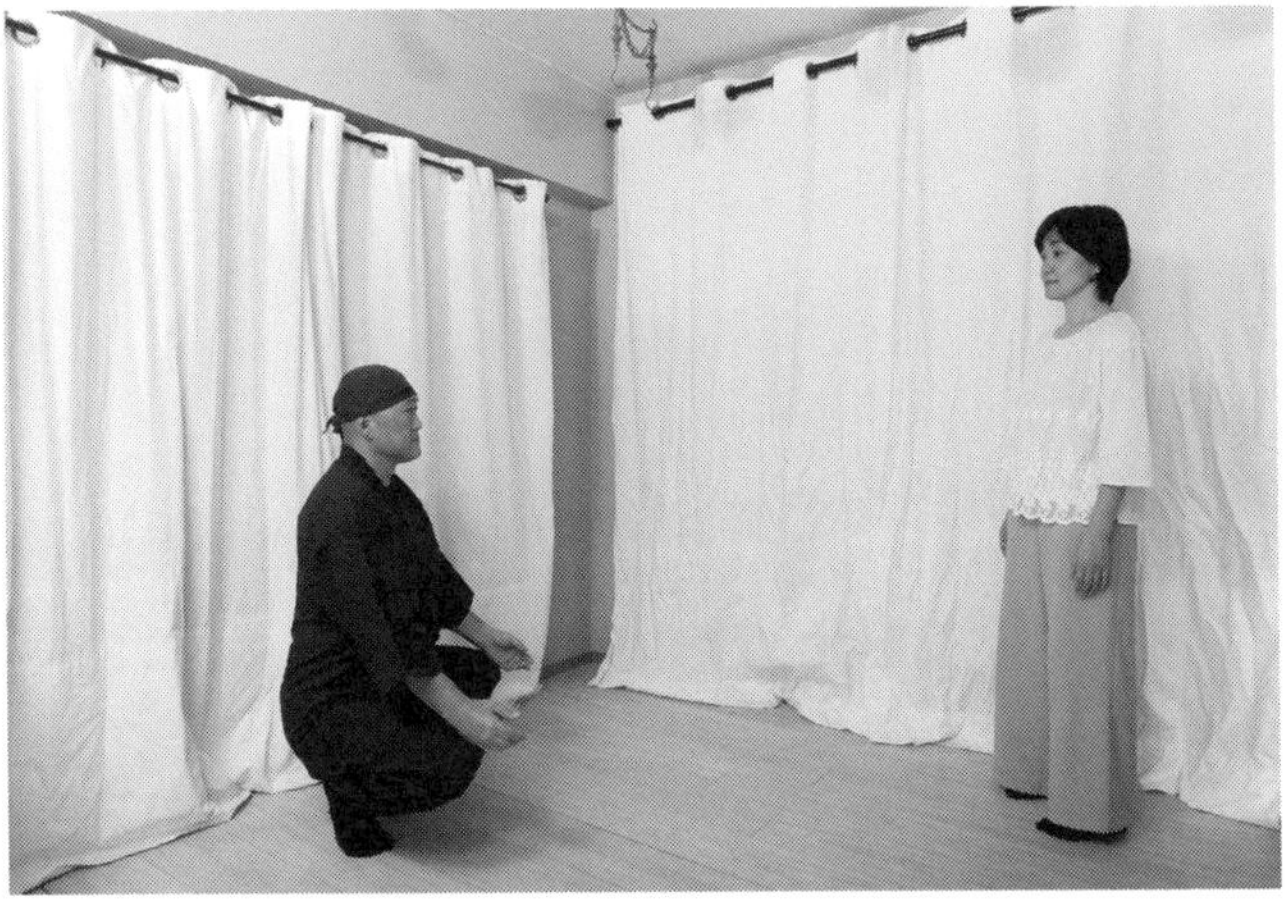

クライアントの身体のどこに問題があるかを、スキャンによって捉える。

数の弱いメガネを購入して後悔するなど、意味不明な見栄を張る人が結構多いのではないでしょうか。だから、正確に身体の状態を聞き出すことが困難なら、施術する側が身体の中を直接覗いてしまえばいい。そんなシンプルな発想が「スキャン」の始まりでした。

モロッコに降り立ち、施術をやり始めたころは対象者の身体の悪い箇所が光って視えていました。ちょうど某有名スポーツメーカーのマークの形、レ点のように。そこから、ここが光るということは……とその人の印象や立ち姿から考察し判断を下します。

身体の悪い箇所が光って視えることに気づいたとき、クライアントに問診する手間を省いて、自分の脳内ファイルを探り改善策を短時間で導き出そう、己の得意分野、テリトリーにその問題を引きずり込んで戦えばいい、対処すればいい、とひらめいたのです。

コマンド訓練やサバイバルトレーニングの知恵を生かして

そうして、記憶の引き出しの奥を探ってみると、フランスの第3外人歩兵連隊でのコマンド訓練と、イタリアの大学でサバイバルトレーニング方法を説いていたときの思考が出てきました。つまり、本やスクールなどで広く教えられている常識とは異なり、現場で得た知恵があったのです。

サバイバルトレーニング方法は自分で開発したもので、S・I・P（Survival Intelligence Procedure）という名称をつけています。もともと大学のサマーキャンプでやっていたシミュレーション・イマジネーション・プレパレーション（Simulazione・Immaginazione・Preparazione）というサバイバル教室の理念を、理解しやすいようにプログラム化したものです。

例えば、何らかの理由で川を渡らなければならないとき、まともな教えを知っている者であれば、まず上流を目指します。ジャングルの河川を渡るとき、そのエリアを渡河の場所として選ぶしかないとき、能天気なサバイバルブックならいまだに上流方向へ斜めに泳げと書いてあることでしょう。流れの強さを見るぐらいで水面にある重要な情報などには目もくれません。段取りのないサバイバル状況下で上流方向に泳げば、その先には死があるだけです。ペーパーテストの世界で生きてきた人間なら、「教科書と違う！」と叫ぶかもしれませんね。

僕なら闇雲に上流へ泳ぐことはせず、まず、岩や流木や白波や水面の色が暗いところや木の葉が流れていくスピード等々を読み、向こう岸の安全なポイントと途中で引っ掛かるなどしやすい場所を瞬時に判断します。そしてスタート地点を決定し、そこからまっすぐ向こう岸まで泳ぐでしょう。大事なのは、「見る」でも「視る」でもなく、「読む」こと。五感を通じて入ってくる、さまざまなインフォメーションを読解し、インテリジェンスを用いて必要な情報を選択するのです。

繰り返しますが、見るのではなく「読むこと」です。根本仏教のセオリーではありませんが、「ただそこに在る（もの）」を、ストレートに記録することです。そうするとスマートフォンが利用可能なWi-Fiを探すように、脳内で検索が始まります。そうすれば今までに得てきた生存技術以外のメモリーストックにもアクセスして、使える情報を有効活用できるようになります。僕の場合、あらゆる環境の中でフラフラと生きてきたことが生存技術を生み出すための糧となり、多分野に生かせるコアができあがったのです。

これまで、僕はジャングル戦闘部隊で習得した生存技術やイタリアでのS・I・Pトレーニングの経験をフィードバックしたものを、頭の中のメモリーストックに保存してきました。それが十数年後にヒーラー（施術者）になりクライアントをスキャンする際に、過去の記録が呼び起こされ、再生されたのです。

渡河作戦のメソッドを応用し、スキャンの技術を考案しました。そのやり方は物理そのもので、服のしわをミリメートル単位で捉えるとか、ボディーラインの起伏を眼でデータ化するなどして、身体の歪みや滞りのある部分を予測特定します。例えば、胸部のツボが2ミリメートル外側に隆起している なら、背中側、肩甲骨の上部に流れの滞りがあるのは確定とか、肩口の首よりのカーブを見れば頸椎のどの部分にズレがあるなとか、ああ、これは下手な施術者にやられたなとかが分かります。イメージとしてはフラッシュ暗算（コンピュータ画面に出る数字を瞬時に捉え頭の中に思い描いたそろばんで暗算するもの）が一番近いでしょうか。カメラのシャッターを切るようにカシャカシャカシャカシャ……と見えたものを頭の中で連写しながら、同時進行で答えを導き出していきます。

脳内メモリーで過去の症例データと照らし合わせつつ、さらに脳内、イメージで、アンドロイドのように結果をクライアントさんの数センチメートル前にあるアクリル板に投影して読んでいきます。僕の施術を受けられた方は分かると思いますが、「うん、左腰、右肩、はい……」とブツブツ言いながら施術ベッドにスタンバイするとき、実は読み取った全データがカシャカシャと音を立てながら脳裏に投影されているのです。そうして読み取ったクライアントさんのデータから施術プランを決定し、あとは微調整しながら最良の選択を繰り返して改善の頂へと進んでいきます。

以上が、現在僕の行っている施術方法の概要です。言葉ではなかなか説明しにくいところがあるので、ぜひ一度、実際に施術を体験してみていただければと思います。

2章

冒険に満ちた人生、施術者への道

期待され面倒になり逃げ出す人生

クライアントさんに、どういった経緯でこの仕事に就いたのかと、よく聞かれます。「中二病の延長線ですよ」と答えています。そして「モロッコで出会った障がいを持つ女性ハナン（仮名）のためにゼロから開発した技術である」と。彼女の人生に関わったことによって、障がい者医療に足を踏み入れ、その過程で、難病からフェイシャルまで多様な症状に施す技を手に入れてきたのです。

大切な人を守り抜きたい、それがすべての始まりでした。

僕ら施術者は結果がすべてです。モロッコの砂の街で医療革命を起こそうと本気で思っていました。幸せを知らないハナンのために、少なかったけれど幸せな日々があった僕ができる精一杯のことをしてあげたいと思って……。

まず、僕の生い立ちからお伝えしたいと思います。生まれは名古屋です。中学2年のとき、まだうぶだった僕は、将来的に彼女なり大切な人ができたときに、どうやって守るかを真剣に考えていました。そのころはとにかくバカですから、まず頭に浮かぶのが、強くなること。それでボクシングを始めました。

中学2年から3年にかけて名古屋の松田ボクシングジムに通っていました。後に中京地区で初の世界王者を出すことになるジムです。先輩に畑中清詞さんがいて、彼の世界タイトルマッチを、安アパートの畳の上で正座をしてテレビにかじりつき観た日を、今でも鮮明に覚えています。後輩にあたる薬師寺保栄さんがタイトルを取ったのを知ったのは、ずいぶん後のことでした。2人の世界チャンプを輩出した名門ジムになるとは、入門した当初には想像だにしなかった快挙です。入門後すぐにやめてしまい、身勝手この上ありませんが、そんな名門ジムで学べたことを誇りに思っています。

ジムの力ってあるじゃないですか。パワーバランスですね。「ウチのジムの力ではちょっと難しいかもしれないけれど、おまえのセンスがあれば、最低限、日本チャンピオンにはしてあげられる。あとは運次第」と言われました。僕はすぐに選手名簿に名前を連ねるようになり、会長は17歳になったらすぐにプロデビューさせるというビジョンを持っていたようです。

僕が通っていた昭和57年当時は、先代の会長がご存命のころでしたが、今は組織がどうなっているのか分かりません。そのときは2人目のチャンピオンに僕を、というありがたいお話だったんです。でも、ただのアホガキでしたから……。

ジムにはずいぶん引き止めてもらったのですが、期待されると逃げたくなるたちで、すぐにやめてしまいました。

中学を卒業して、高校に進学したものの、夏休み前にやめました。

その原因は暴力事件です。事件というほど大袈裟なものではなかったのですが、公園で喧嘩をしていたら、たまたま通りかかった警官に止められて、それが学校にばれて、めでたく2週間の停学という処分を頂いたわけです。

それからいったんは学校に戻りましたが、急激に学校へ行くことに興味を失い、これは働いたほうがいいなと思ったので、速攻で自主退学をして岐阜県の居酒屋に就職しました。

その後は転落人生ドラマによくあるように、職場を転々として、土地も転々としました。個人的な趣味の類でしたが、仕事を通じて知り合った空手の有段者に格闘術を教えてもらったこともありました。

元号が平成に変わるころに東京のアパートでひとり暮らしをし始め、20歳になって古武道をやり始めました。

そこでも特別グループに入るという話になって、そのときは人間関係で、もめたというほどではないのですが、居づらくなって僕が勝手に身を引いたという感じです。うぬぼれかもしれませんが、向けられる期待も重く感じました。

入門してすぐに、対外試合の選手要員に加えられ、先生から直接指導を受けていたので、道場内の練習試合などで帯の色が上の人に勝ってしまうわけです。そうしたことが原因で他の練習生との間に軋轢が生まれて、やめていった人もたくさんいます。

帯でいったら格上の人を余裕であしらったり、勝ってしまったりするといろいろあるものです。ボクシングもそうだったのですが、大体1～2週間で周囲から目をつけられてしまいます。

究極の器用貧乏でしょうね。期待されるし、一定のレベルまではすぐにいくのですが、期待されると人間関係がうまくいかなくなるので、面倒くさくなって、逃げちゃうんですね。

自衛隊とフランス外人部隊を経験して

20歳になるころまで、グダグダ暮らしていました。真性のクズですね。東京に来て古武道を始めたのと同じくらいのタイミングで、突然自衛隊に入りたいと思い、市ヶ谷駐屯地に行きました。門の前まで行って、「頼もう」じゃないですけれど、いきなり行きました。坂の上に広い門があって、そこに、バッグ一つ持って仁王立ちしたんです。

勤めていたところもやめて、昔のドラマにありがちな、ボストンバッグにラジカセと服だけを入れて、門の前に立ったときに、警衛の方に声を掛けられて、たまたま通りかかった地連（自衛隊地方連絡部）の人を呼んでくれたんです。つまりスカウトマンですね。

バカだから、入り方が何もわかってないから、「入隊したいんです」とだけ言ったら、地連のおじさんに事務所に連れていかれて、そこで入隊試験を受けました。あのころは簡単で、体力があれば誰でも入れました。

入隊の際に受ける身体検査で一度だけ、心臓のエコー（超音波検査）を撮ったら、もともと心臓の血管がねじれてくっついていると言われてしまいました。本来なら身体検査で問題があると入隊できませんが、そのときは見逃してくれ、無事入隊できたんです。

自衛隊では、1任期（2年間）だけ過ごしました。北海道の帯広駐屯地第5師団の普通科連隊、対戦車小隊に配属され、在隊中に湾岸戦争が起こりました。

みんなで湾岸戦争のテレビ中継を観ていたそのときに、営内班長（分隊の責任者）に「自衛隊をやめたい。湾岸に行って戦いたい」と伝えました。でも僕の場合は、すぐにはやめられなかったんですね。班長の減点になるじゃないですか。湾岸戦争が起きたころは1任期目の途中で、たしか入隊してからまだ1年たっていなかったので、やめれば班長の出世に響き、迷惑がかかります。ご家族もあったので、勝手にやめるわけにはいかず、しようがなしに1任期（2年間）勤め上げて、任期満了でやめました。

湾岸戦争に行く方法はいくつかあったんです。現地に飛んで傭兵として戦うとか、フランス外人部隊（以下、外人部隊）はすでに派遣されていたので、フランスに渡るとか。外人部隊とは、要するに捨て駒です。フランス人の身代わりとなり死んでもいいくらいの扱いで、真っ先に戦場に投入されるわけです。外人部隊はフランス軍の緊急展開師団に組み込まれていて、落下傘（パラシュート）部隊などとの、混成の即応部隊です。

後に知り合った日本人の先輩は、外人部隊への正式入隊直後に、サウジアラビアで新兵訓練を受けて、そのまま湾岸戦争に投入されたそうです。普通は国内で4カ月の新兵訓練を受けて行くのですが、おそらく戦時体制シフトでいきなり投入ということになったのだと思います。

自衛隊をやめたころには湾岸戦争は終わっていたのですが、カレーが食べたいと思ったら、もうカレーの口になっているじゃないですか（笑）。もう外人部隊に行くしかないと心は定まっていました。

当時（1992年）は片道の航空チケットが買えたので、無謀にも挑戦しました。そのときは、外人部隊の入隊テストの倍率は4倍以上でした。入隊するためには、体力と知能テストに加えて、いきなり3分走とか12分走をやらされるんです。3分間、12分間でどれだけ走れるか。最低限のレベル設定は、15分で3キロくらいだったかな。

自衛隊と同じで、募集人数が決められているので、応募する人が少なければ、ある程度大目に見て入れてもらえることはあるんです。そのこともあったので、勢いで欧州に飛びました。

まず親戚一族がいるイタリアに行きました。時差ボケで血圧が上がり、メディカルチェックで落とされる場合が多いと聞いていたので、イタリアで何週間か過ごしてからローマ経由、フランス行きの夜行列車に乗り、パリ郊外のノジャン要塞に向かいました。そこは外人部隊の一番有名な徴募所です。

そのころ僕は、外国語は日常会話程度の英語しか分からなかったので、試験はすべて英語で通しました。入隊を果たし、最初に配属されたのが、第1外人騎兵連隊（戦車部隊）です。

外人部隊に入ってから1年8カ月くらい経ったとき、第3外人歩兵連隊（ジャングル戦闘部隊）に1枠空きがあるから、誰か選んでほしいという通達が中隊本部にきました。通信がちょっとできるやつというのが条件でした。

ジャングル戦闘部隊は南米フランス領ギアナで活動する過酷な部隊ですが、そこではジャングル戦闘とか、ブービートラップ（仕掛け罠）の訓練に加えて、サバイバル訓練も行われます。年2回、よほど使えないやつ以外は行かされるというか、希望する人は行っていいことになっていました。

アメリカ海軍特殊部隊のビデオに出てくるような高度な訓練をやるのですが、そうしたことも学びたいと思って、「俺が行きます」と言ったら、話を通してくれたんです。それで配置がえになり、そこで多くの、まだ世に出ていないものも含めたサバイバル技術を学びました。

外人部隊で必要に迫られて鍛えられた記憶力

今行っている施術に生きている瞬時に記憶する能力は、外人部隊で培いました。戦闘中隊の通信兵だったので、完全武装に加えて、20キログラム以上の通信機材を背負って走りまくるという鬼のような役回りを与えられたので、軍事行動用の符号表をいちいち見る暇がありませんでした。

例えば自分の小隊の仏語読みの符号がAB（アルファ・ブラヴォー）として司令本部がC1（シャーリー・ユニテ）だとします。これに後方支援小隊EF（エコー・フォックストロット）、補給小隊GH（ゴルフ・オテル）、それ以外の小隊IJ（インディア・ジュリエット）、KL（キロ・リマ）……と平均20以上の符号を、1分くらいで頭に叩き込まなければなりませんでした。こう言っちゃなんですが、他の隊員は服部伍長（僕）のような芸当ができないので、符号が書かれたA4用紙を縮小コピーしてポケットに入れていましたが、それもよく失くしていました。通信兵の隠語でビブル（バイブル=聖書）と呼ぶ極秘ファイルをシステム手帳にまとめたものを、防水処理が甘くて水浸しにしてしまい、隊長に怒鳴られている隊員もよくいました。持ち物が破損する過酷な環境に身を置くことが多いので、記憶に頼るしかない場面が多かったのです。

外人部隊の生活を終えたのは29歳（1997年）のときです。外人部隊を除隊した直後に、イタリアの親戚一族のところに挨拶に寄りました。そのときはビザが必要ない90日ギリギリまで滞在し、彼らが運営していたNPO活動に参加して、紛争地に住む人々を支援する活動をして回りました。

南イタリアにバーリという港町があるのですが、そこからクロアチアに渡って、陸路で車を運転して南へ下っていき、ボスニア・ヘルツェゴビナのサラエボといろいろ回りました。僕は一応、軍事訓練を受けた戦闘の経験者として、危険回避のためにサポートみたいな感じでついていったのです。

その過程でモロッコにも行って、外人部隊や独学で得たサバイバル医療を活用して、砂漠の中で治療みたいなことをしていました。

その後（1997年10月）、一時帰国したのですが、日本になじめませんでした。ハリウッド映画でインチキな日本語をしゃべる人が出てくることがあるじゃないですか。耳がフランス語の耳になっていたので、日本語がそんなふうに聞こえる違和感がありました。

福岡の母方の実家に帰ってしばらく働いた後に8カ月間ひきこもりになり、夜中まで、NHKの物理学や量子力学、医学などの放送を観ていました。

外に出ないからブクブクと太り、青白く生気もありませんでした。風呂に入ったとき、鏡の中に醜いクズなオッサンが居るわけです。涙が頬をつたい、「早く死ななきゃ」と思いました。タイミングがいいというか悪いというか、逝き方を考えているところにイタリアの親戚から、北アフリカでのボランティア活動の話をもらい、イタリア行きが決まりました。

結婚による生活の安定と離婚

ボランティア活動をするための、3度目のイタリア渡航の際に知り合った日本人女性と婚約して、日本（福岡）へ帰国し籍を入れました。ちょうど1

999年の終わり、2000年問題（Y2K問題）が騒がれていたときです。
結婚を機に警備会社に就職し、11年間勤めました。大概の軍人は戦うこと一辺倒でやってきているから潰しが利きませんが、運よくこれまでの経験が生かせる職に就くことができました。

耐えましたよ。クライアントのミスで警報が鳴るなど、こちらは全然、悪くないことでも、コメツキバッタみたいに「すみません」と言って頭を下げました。妻のために稼がなきゃいけないから。

そのころ、一般的な企業の手取りは十数万円くらいに下がっていましたが、それよりもかなりいいお給料をもらっていました。

支社の幹部陣にはかわいがられました。皆さん、軍人時代の話を聞きたがって、結構人気があったんです。

仕事はうまくいっていましたが、家庭がうまくいかなくなっていました。結婚当時、僕は英語とフランス語、イタリア語も少ししゃべれたので、すごくいい男に見えたんでしょうね。でも帰国して落ち着いたら、冷めたのでしょう。スキー場のマジックと同じです(笑)。しばらくすると妻は「またイタリアに行きたい。向こうで働きたい」と言い出しました。

当然、妻を1人でイタリアに送ることにリスクは感じていました。ここで離れたら、一生の別れになるかもしれません。妻の両親にも、「離れちゃだめ、必ず別れることになる」と言われましたが、結局、彼女の意思がかたかったので尊重しました。その辺が僕のだめなところというか、甘いところです。

イタリアに行った妻とは毎日のように手紙のやりとりをしていましたが、そのうち、手紙の内容が僕への人格否定に変わっていきました。多分、シンプルに別れたかったのでしょう。

手紙の中で、「あなたは自分以外の人を見下す」とか、ひたすら責められるんですよ。僕はそんなこと思っていないのに。だんだん、たった数枚の便箋丸々が僕への否定メッセージになったんです。まあ、僕が悪かったのでしょう……多分。

それで結局、別れました。というか捨てられました。それが会社に入って1年以内に起こったわけです。

その後会社には11年間勤めて、勤続10年の時計つき盾をいただき、勤務成績が認められて表彰もされました。

身も心も、どっぷりとサラリーマン生活になじんだころ、2011年に東日本大震災が起きました。以前から同僚にはこうした非常事態にどう行動するべきかについて口頭で教えていました。そして僕のシミュレーションどおりになってしまいました。何百回目かのむなしさを感じて、その1年後くらいに部署異動の話が出たのを機に、もうサラリーマン生活はいいかなと思いました。

どこかの戦場で死ぬつもりで、再びイタリアへ！

離婚による精神的ダメージが大きく、心が病んでいました。それで、2013年にまたイタリアに戻ったんです。生きる希望が持てなくて、イタリア経由でどこかの戦場に行って死ぬつもりでした。

傭兵の寿命は30代前半までだといわれていますが、40代でもまだ動ける自負がありました。「死に花を」ということで、またイタリアに行って、そこから戦地へ飛ぼうと考えていました。

むかしの仲間とはずっと連絡を取り続けていたのですが、その中の多くがPMC（民間軍事会社）や傭兵をやっていました。とりあえずイタリアに行って、ちょっと身体を絞ってから戦地へ行こうと考えていたんです。

イタリアに渡ると仲よくなった学生たちや仲間に、「それだけのサバイバル技術を持っているのに戦場で死んでしまいたいなんて、もったいない。死んではいけない」と、毎日毎晩、説得されるわけです。

そのころには自分の施術やヒーラーとしての能力には気づいていましたが、使い道も分からないし、自分にとっては何の意味も持たないと思っていました。だからやはり、伝手をたどって、どこかの戦場で人生を終わりにしようと思ったのですが、「最後におまえの持っている技術を誰かに受け継いでもらってから死ぬのが、人としての道なんじゃないか」と説得され、「分かった」と頷いて、イタリアで活動を始めました。

そうして、親戚が経営する大学のサマーキャンプやウインターキャンプでサバイバル・テクニックを教え始めました。自分で開発した道具もいろいろあります。

いつの間にか数年の時が流れ、とりあえずイタリアに定住するために学生ビザを取ることにしました。そのころはビザを取るのに、15万円から20万円くらいかかりました。

学生ビザを取る前段階として、とりあえず3カ月間イタリアから出なければならなかったのですが、大学の台所も火の車で、日本までの渡航費は出せないから、とりあえずモロッコに行って、その間に調整しようということになりました。また、大学が行っているNPOの支援活動に参加するかたちで、その拠点のあるモロッコ南部の都市、砂の街、ワルザザートへ赴きました。

イタリア定住に向けて動き出し、学生ビザ取得を視野に周囲の人たちが協力体制を整えてくれていたときには、もう死にたいという気持ちはなく、その先に新しい幸せと家庭を夢見ていました。

モロッコで施術者としてスタート

ワルザザートに着いてすぐに、砂利砂漠のただ中にある、寺子屋のような語学学校へ行きました。ＮＰＯ側は正式な国の認定校と言っていたのですが、調べてみると正式な認定校ではなく寄り合い所の類いだったんです。

そこの校長（といっても正式な教員ではないのですが）と連絡を取って支

援活動に参加し、初めのうちは安いホテルで過ごしていました。しかしいくら安宿といっても、ボランティアなのでお金が足りなくなってきてしまいました。そこで、夜は学校の教室に誰もいないので、半年間くらい、教室で寝泊まりをさせてもらっていたんです。

学校といっても周囲は砂漠です。電気や水道なども整っていません。井戸水の使い方とか衛生観念とか、自分が開発したものも含めてサバイバル技術は頭に全部入っていたので、それを実践していきました。

校長は日本でいう夜回り先生をして、集落の住民の悩みを聞くという体《てい》で、ただ飯を食いに行くわけです。「おまえもついてこい」と言われ、さまざまな家庭を回りました。

校長が話している間は暇で、何もせずに待っているのも時間がもったいないので、整体のまねごとを始めました。本当に低レベルの整体技術（今やっている1割くらいの技術）なのですが、腰痛とか不具合を結構治せたんです。

砂漠で暮らし始めて1週間くらいたったころ、校長から「今日は2カ所回るから、おまえ、治してやれ」と言われました。夜中、砂漠の中を1キロメートル近く歩いて行くわけですが、その間に「どういう症状？」と聞いたら、両方とも胃の開腹手術をして、術後3日しかたってないということでした。

僕が20歳のころ、よくテレビ番組で、ロシアの超能力者がコップの中にお酒を入れてアルコール度数を上げるとか、味をまろやかにするとかやっていたことがありました。それは直感的に電気処理の作用によるものだと思ったので、自分でもやってみました。

そのときはヨーグルトドリンクを使って何か変わるかなと、通電させるようにイメージしてやってみたら、酸味がゼロになったんです。これは母親にも飲んでもらって確認して、「あっ、僕にもできるんだ」と思いました。そのときはそれで終わりました。

開腹手術をした直後の人にやれることはないと思ったとき、そのことを思い出し、〝あの力〟を試してみようと思ったのです。これが今行っているE《エ》・L《リ》・E《ー》（論理的生体電子エネルギー）による施術の始まりです。

そのときは、ヒーリングのエネルギーみたいなものを出すところからやってみようかなと思いました。まだ今のように生体電流を精密にコントロールすることはできなかったんですね。

1軒目の人は、蚊の鳴くような声で、横向きになって、枕を高くして寝ていました。ゆるい整体を行い生体電流を指から出してその人の身体に通してみたら、起き上がって足を組んで、大声で話し始めました。これは効くなと分かりました。

2軒目に行くと、高齢の人が点滴をしながら待っていました。

その人は負傷兵みたいにぐったりと寝ていました。一見、もう危ないんじゃないか？　と思えるような状態でした。

そこでは30分ほど、手術した患部に生体電流を、フィルタリングをかけるみたいにして浸透させました。

ちょうど30分後に「どうですか？」と聞いたら、「ちょっとトイレに行く」としっかりした声で言って、ガバッと立ち上がり部屋からトコトコと歩いてトイレに行ったんです。

「何やってんの、お父さん！　死んじゃうよ？」と、家族はプチパニックですよね（笑）。でもその人は、「黙れ、トイレに行くだけだ」と言い、普通に行って戻ってきたんです。それで、これも使えるんだと思いました。

その後は、施術する先々でそういうことがたくさん起こりました。

しばらくすると、「アラーが連れてきた、奇跡を起こす日本人」とか「神の使い」「マジシャン」などと言われるようになりました。でも本心でそう思っている人は少なくて、そうやって持ち上げて気持ちよくさせて、無料で治してもらおうという魂胆が見え見えでした。僕個人には感謝しないんです。

モロッコではすべてのことにおいて、インシャーアッラー（アラビア語で神のみぞ知る、神のおぼしめし、神への感謝の意）なので。例えば誰かがどんなに善行を行ったとしても、いくら自腹を切って人助けをしたとしても、それはその人がやった善行ではなくて、神がその人の首根っこをつかんで連れてきて、やらせたものだと考えるのです。だから神に感謝はするけれども、おまえには感謝しないというのが彼らの流儀。そういうことが何回もありました。

そのころは9割以上、E・L・E《エリー》を用いて施術していました。腰痛、頭痛、神経痛からあらゆる難病の人まで。手を当てて、演技して、「ハアー」とか言ったら治っちゃうので、彼らにしてみれば神が連れてきた人なんですね。

ボランティアですから、もちろん無償です。それで人が群がり始めました。一応いろいろな貢ぎ物は持ってきてくれました。フルーツから、野菜から。お金を払おうとする人には、「僕はお金はいただかない。持って帰れ」と怒鳴り、「お金のためにやっているんじゃない。コーランをもう1回読み直せ」と言っていました。

強力なサポーター、ピエールと出会う

モロッコ滞在の3カ月間は、学校での作業、施術、食べる、寝るという日常を送っていました。

普段、学校の辺りをよくヘリコプターがホバリングして僕を監視していたことには、気づいていました。僕らがいた集落の道路の向こう側の高級別荘地に塩水湖があって、その奥まったところに王室専用の別荘があり、そこへ王族が行くときに、警察がよくヘリを飛ばしていたんです。

その動きから、ああ、これは監視されているなと分かるんです。そういうことが何回もありました。通常、緊急着陸しやすいように、航路としてもう

ちょっと奥側、ワジ（乾燥地域で雨が降ったときだけ水が流れる川）の方向に行くのですが、砂漠のど真ん中、学校との距離が20メートルもない場所でバラバラバラッとホバリングして、僕に機首を向けていました。

そのとき、僕は勝ったと思いました。学校周辺をきれいに整えてデコレーションしたのは、学校を有名にして、お金を集めるためだったからです。どんなことがきっかけであれ、注目されることは、チャンスにつながります。

そしてあるとき、僕が美化作業などのいろいろなことを、集落の長《おさ》の許可なしにやったと思われたのか、警察の高官が学校へやってきたのです。「俺は警察だ。おまえら、何をやっているんだ」と、校長に声をかけてきました。

そのとき僕は、塩水の湧き水で道路をかためるなどして、学校から井戸までの道をつくっていました。その土地の砂は塩水でかたまるので、かたい陸上競技用のトラックみたいな道路になります。

そういう作業をしていたら、警察官が通りかかり、校長が「日本からボランティアの人間が来ている。たまに治療もやっている」と話したら、その警察官は「俺もウエイトトレーニングをやっていて腰を痛めて、フランスにも治療しに行ったんだけれども、治らないから、診てくれ」と言い、その日のうちに施術をし、後日もう1回施術をしたら治ってしまったのです。

「これはすばらしい」ということで、その人との間にパイプができました。

そして、ボランティアで無料で魔法を使って治してくれるといううわさが一気に広まり、病める群衆みたいなのが毎日のように押し掛けてくるようになりました。

僕は学校の美化作業でヘトヘトに疲れているのに、「暇ならやってくれ」と言ってくるのです。気温が40度もあるなか、次々と来るから、もういい加減にしてくれと思っていました。

その当時モロッコの医療体制や医療技術のレベルはものすごく低く、医療過誤もメチャクチャ多かったんです。あまりに多いから、これは「頭を潰せばいいんだ」と思いました。もともと僕は不良なので（笑）。それで、その警察の高官に、「国王を連れてこい。この国は医療体制を変えなきゃだめだ、どうしようもない。あるいは何の出入り業者でもいいから、王様と話せる位置にいる人を連れてこい」と言ったんです。

そうしたら、警察の高官は、ピエールという人物を連れてきました。ピエールは、若いころに車で世界を回っていて大事故を起こし、右の大腿骨を粉砕骨折して身体にボルトを3つくらい入れていて、杖をついていました。

彼の杖のコレクションを見ましたが、いろいろなデザインの高価な杖が20本くらいありました。

最初は、彼は砂漠の中を、杖をついて来たんです。王様に近い立場の人だと紹介されました。歩行困難でしたが、1回の施術で普通に歩けるようになり、杖がいらなくなりました。

初めて自宅に呼ばれたのは、彼の誕生日でした。彼はモロッコ国内の2軒の家に加え海外に2軒の家を持っていました。スーパーとレストランを経営していて、スーパーの事務所に行ったときに、わざと見えるように倉庫に杖が入れてあったんです。「杖はもう必要ない。ありがとう」という意味で、僕にそれを見せたのでしょうね。

2回目の施術に行ったとき、ピエールから「どうかモロッコに残ってください。私はこの土地で障がい者支援協会を運営しているので、手伝ってほしい」と言われました。その協会は医療、理学療法（キネシオロジー）や糖尿病治療、知的障がい者のつくる工芸品の販売などで収益を上げていました。

その当時、収益は年間1500万円くらいでしたかね。海外からの支援基金で賄われていました。それもピエールの人脈で。

糖尿病も、向こうでは障がいになるんです。神経痛も障がいです。要するにイスラム教のお祈りができることが第一なので、物理的に正座をしてお祈りができない人は障がい者と捉えられます。法律による障がい者の定義はヨーロッパと同じですが、国内ではそのような書類上の区分けは重要視されません。

もともとピエールはモロッコ生まれのギリシャ人なのですが、白人だから浮いていました。差別があったのでフランスに留学して、そのままパリのとある大学で教授をやるまで登りつめました。

ピエールのお父さんがフランスからモロッコにやってきてビジネスを始め、

ピエールとともに、モロッコ北部、ピエールの自宅にて。

そのときに王室とつながりができたみたいです。ピエールのお父さんは地元の名士です。お父さんが倒れて、跡を継がなきゃいけなくなったとき、ピエールはそれを承諾したんです。

スーパーとレストランはお父さんの持ち物で、レストランは、もともとは外人部隊兵のロシア人が退役した後に開業したものでした。それを1962年ごろに買い取ったそうです。

ピエールは一時期は王宮にいて、

先代の国王、ハッサン2世に、王宮に残って仕事をしてくれと請われたけれど、引き受けなかったそうです。王宮での仕事はいろいろと制約が多いものですが、自由でいたいからと、それを断ったんです。

ピエールは、名のあるビジネスマンとして活躍してきた人です。モロッコに移り住んだ時点で、障がい者支援協会を立ち上げました。多分、四半世紀くらい前ですね。僕が知り合ったころには、内務省の下部組織に地位が上がっていましたから。

むかしのモロッコでの障がい者の扱いはひどいものでした。日本もむかしはそうだったようですが、汚いもののように扱われ、人目につかないよう幽閉されることもあったようです。差別というよりは迫害です。ピエールはそれが許せず、障がい者を守るために協会を立ち上げたのです。

それにモロッコでは、約束とか真実という言葉は存在せず、約束は破るためにあるようなものです。神様との約束は守るけれど、たかが人間、神が気まぐれに連れてきたような人間との間に約束なんか、必要ないんです。

神様の次に家族、親戚縁者があって、端っこに友情があるくらいです。モロッコの人たちに友情を感じたことはなかったですね。コロナ禍にはあまたの裏切りにあい続けたこともありましたし。

海外からのボランティアの人は、「相手に対して、やってあげたという感情はない」とか、「お礼は欲しくない」とか、建前上は言うじゃないですか。そしてモロッコの人たちも当然のように、お礼を言いません。でも、僕はそれをはたから見ていて違和感を覚えました。だからモロッコの人たちには、「協力してくれた人にはせめてお礼を言え」と、何回か怒鳴ったこともありました。

実際の話、異教徒の国からお金をもらって暮らし、食事代や家賃なども払ってもらっているわけだから。それに対して感謝が全くないんです。協会の運営費から収入を得ていると言って、絶対に譲らないんですよ。

いやいや、実際に見てみろよ。年間1500万円の収益のうちほとんどが、オーストラリア、アメリカ、フランスなどからの支援金で、キリスト教の国からお金をもらっているんだぞと、烈火のごとく怒ったこともあります。でも、そうしたぶつかり合いの後に信頼関係が生まれたんです。外国の人が現地の人と宗教について話すことはめったにないから。しかも、ボランティアの人間で。本気で交流しようと思ったら、そこまで突っ込まないといけません。

そうして信頼関係を築いたうえで本音を聞き出していったら、「年間、1週間から2週間ほど、ボランティアとか、いろいろな団体が来るけれど、何も買ってくれない。ケチだな、あのやろうども」とか、砂漠の中の学校で大学のNPOメンバーからプレゼントをもらっても、「いや、欲しいのはこれじゃなかったんだよな。ほんと、使えねえな、あいつら」とか陰口を叩く。僕の前では話すわけです。後で全部報告してやりましたけどね。現実を直視できないボランティアの方々は、信じたくないと言っていました。

病気を抱えた女性との出会いから整体院を開く

そうやって現地の人々と交流を深めていくうちに、話がどんどん大きくなって、施術者として有名になりだしたんです。ちょうどそのころに、冒頭に述べた障がいを持つ女性ハナンを、その集落の縁戚の人間が、僕のもとに送り込んできたのです。後にハナンのＭＲＩ画像を見ましたが、脳のかなりの部分が完全に萎縮していました。検査結果はすべて正常となっていましたが、日本脳炎のような状態で、最初の見立ては明らかに脳性麻痺でした。

僕が水浴びをしているときに、ハナンは1人で歩いてきました。実際、あり得ないんですよ。未婚の女性が1人で男に近づいてくるなんて。それもこっちはパンツ1枚の裸でしたし。でも、自分の病気が施術で治るものならと近づいてきたんです。

当初は1歳から発症したと言っていました。コーランにはそんなことは書いてありませんが、モロッコでは、心が黒いと病があらわれ、障がい者になると解釈するようです。だから障がい者を幽閉するのです。先天性だとすると、親が悪いからだ、という理屈になるわけです。こうした偏見は、どこの国にも少なからずあるものです。

現国王モハメッド6世は非常にやさしくてクレバーな方です。いろいろな逸話があって、テレビ時代劇「遠山の金さん」みたいな話を何度となく聞いています。あの方が王室自体をグローバル化したんですね。だから敵も多いようです。

法律が変わって、障がい者社会参画法もできました。それも僕が協会に関わっていたころにできた法案です。

そのころ、友人知人がよく言っていました。「この国の医療は日本に比べて50年は遅れている」と。実際に〝惨状〟と言っていいほどでした。とくに低所得者層にはつらい現実がありました。

首席秘書官には僕も会ったことがあります。ピエールからの紹介で施術依頼をいただきました。それは2019年ごろの話です。

一時期、僕は国王に直接会って、王宮に入る覚悟でいました。その当時は今と比べたら3割くらいの施術技術でしたが、それでも「やれる」と確信していました。ニュース映像などで見る国王の体調が心配で、この頭脳明晰でやさしい国王を何とかしてあげたいと思ったのです。

ハナンと出会って1年ほどたったころ、結婚の約束をしました。彼女への施術を続けるためには、それしか方法がなかったですから。口約束でしたが、その婚約を機に市の中心街へ引っ越しました。彼女を幸せにするために。アパルトマンを借りて、住居兼個人サロンとし、コネとパイプをつくるために無料で施術を行い、どんどん権力者層の人間とつながりをつくっていったんです。無料といっても、皆さん、結構お金を払ってくれました。全部ただでやっていたら、生活ができないだろうからと。

もちろん家賃は払わないとなりません。商業権だけは手に入れたんです。

商業権と営業権があって、商業権があれば具体的に店を出せます。営業権とは、この土地で、こういう理由で、こういう店を出しますよと、アパルトマンのオーナーさんの許可と役所の許可を合わせたものです。ここはちょっと複雑なんですね。営業権を取っていなかったので、いわゆるもぐりで、看板も何も出さずに、一応日本の国旗だけを、すりガラスの内側から外に見えるようにかけておきました。

施術希望の問い合わせがあれば住所は伝えますが、入り組んだ場所にあるので分かりにくい。でも、人って口コミで治ると聞けば、どんな遠方からでも、迷いながらでもやって来るんですよ。

車椅子の患者が自力歩行

ある日、60代くらいの女性が、息子2人に両脇を抱えられてきました。カサブランカの人でした。高速バスで片道8時間かかる距離を、自家用車で来ました。そんなに遠くの人が僕のことを知っているはずがないのに、うわさはすぐに広まるんですよね。多分もともと地元がカサブランカの方が、今はワルザザートに住んでいて僕のことを知って電話か何かで話したのでしょうね。

その人は車椅子に乗っていましたが、廊下が狭かったので息子に脇を抱えられてアパルトマンの中に入ってきました。そして1時間半、施術をしました。

そのころは、難病の人が来るたびにインターネットで検索して調べて、治療方針を立てて、これならできると判断したら依頼を受けていたんです。だから、例えばがん患者は受けませんが、良性腫瘍なら引き受けていましたね。

抱えられて入ってきて、リウマチの症状だったので、E《エ》・L《リ》・E《ー》で詰まっているところを溶かしていきました。これは、施術を受ける人の身体に指を置いて脱力するだけで詰まりを取り、身体の深部にズブズブ沈んでいくというメカニズムです。これでほとんどの痛みを消し、大概の病気は治せていました。

そのころは1時間くらいでそれをやっていたのです。今みたいな技術もなかったし、全エネルギーを使ってE《エ》・L《リ》・E《ー》を使っていたから、ヘトヘトになります。それで自分の身体を悪くしていました。

クライアントさんは帰りは息子たちに両脇から支えられながらも、自力で歩いて出ていきました。「ありがとう、ありがとう、神に感謝します」と言いながら。外にはギャラリーが20人くらい集まり、拍手するわけです。ものものしい感じで入っていった人が歩いて帰るんですから。みんな喜んでいました。

役所から目をつけられ査察が入る

評判が役所の耳に入って、2回ほど査察みたいなのが入ったことがありました。

アパルトマンには市役所の人も来ました。そのときは、「神経痛を治しただろう」と怒鳴り込んできました。僕のような人間が神経痛を治すためには、普通は違法な薬とか強力な薬とか医療器具などを使わないと無理だと言うのです。僕は何も使わないので、普通に考えれば治るわけがないのですが、それでも治るじゃないですか。それで査察が入って、町役場に呼び出されて、尋問を受けたこともあります。

取り調べをしてみると、医療行為をやっているのではなくて、「ただのマッサージじゃないか」と分かったようです。営業権を持ってないから、違法は違法なんです。だけど何も使わず、手技だけで完治させるので、とりあえずは保留、おとがめなしとなりました。

向こうの医者は、神経痛と心疾患とがん、それくらいの病名しか言わないんです。どっちにしろ、治療しない。あっちは法外な、僕の3倍くらいのお金を取るんですよ。例えば僕の施術料が2000円だとしたら、向こうは診断して処方箋を書くだけで7000～8000円も取るわけです。薬局に処方箋を持っていって、3000～4000円の薬を買うので、トータルで1万円以上かかります。それが僕のところに来れば5分の1で済むんです。僕の施術のほうが安上がりですが、それでも高いと文句を言われました。

さらに、いろいろな病気が治るといううわさが広まり、ワルザザートのこの地区にいるというので、すりガラスを通して見える薄くてぼんやりとした日本国旗を頼りに、次々に車で乗りつけてくるようになりました。南はザゴラから、北はスペインとの国境沿いのタンジェ、セウタ近くまで。モロッコ全土から集まってくるわけです。

そうして押しかけてきては、どれだけ儲けているんだという話をしてくることもよくありました。当然、外国人が、税金も払わずに儲けていれば、おもしろくないですよね。

僕はその土地に合った食事指導もしていましたが、向こうは肉食がほとんどで、バランスのいい食事なんて経済的にも難しい。よく、バランスのいい食事が大事だとか、何の栄養素を取ったほうがいいとか、日本の人は言うけれど、その日一日、ちゃんと腹を満たすお金もない人に、そんなことは言えません。恵まれた自分の物差しで語る大先生やお歴々、健康オタクがすすめるようなことに、お金を使えないのだから。モロッコでは病院に行くのも、家族からお金をかき集めて行くのが一般的です。

すご腕の日本人ドクターと呼ばれて

もう一つ、現地の人たちに施術の腕を認知されるきっかけとなった事例をご紹介しましょう。

クライアントは女性で、首の後ろに傷がちょっと残っていました。まつり縫いとかしたんじゃないかというくらい下手な縫合がされていたんです。多分、何らかの神経をいじって損傷していて、僕がE《エ》・L《リ》・E《ー》で通電させた感じでは、ほぼ断裂していました。

まぶたは閉まらず開きっ放しで、僕のところに来たときは指で押さえていました。普段はサージカルテープで留めているようでした。ずっと涙が流れている状態です。瞳孔も完全に開いているような感じで、視神経が一緒にやられている可能性もあるなと思いました。左半身はほぼ麻痺していました。

まず、「期待しないでくれ」と伝えました。「僕はこの国の人にとって可能性でしかなく、医者でもなければ、神の使いでもないから」と。現実的に考えて、できることとできないことがあります。「2000円をドブに捨てるつもりで一度受けてみるというのなら引き受けましょう」と。だって、「何も効果がなかった」と悪いことを言いふらされたら、今後の活動に支障が出ますから。それまでは100パーセント治してきたとしても、その1件だけで終わりです。少額の出費で大きな結果を得ようとする、対価という言葉を知らない人ほど悪口を言います。「それでもよければやってみるよ。ただ、今まで失敗したことはないけどね」と言うことが、僕の最低限のプライドだったんです。彼女は頷き、「じゃあ、治療を受けます」となりました。

そのときの施術は、感覚的には断裂あるいは損傷している部位を、溶接するような感じでしょうか。テーブルの上に垂らした2滴の水を、指先で結んでしまうようなイメージです。切れた電気コードを絡ませてつなぐ作業と同じようなものです。1本でもつなげられれば、細胞を増幅させていって培養するみたいにして、電気処理でどんどんつなげていくことができるのではないかと思いました。骨折したときに、細胞組織が盛り上がるじゃないですか。ああいうことができないかなと思ったわけです。それは、ひらめいたとか、降りてきたとかしか言いようがない感覚です。

日本でのサラリーマン時代にはずっと、哲学書や科学書、医学書などを読み倒していたので、施術ではその知識を脳内でパズルみたいにはめ込むような感じで使いました。

今でも手術不可能な部位を施術するとき、僕には、瞳の中にスクリーンが見えていて、患部の映像が映し出されます。映画「マイノリティ・リポート」に出てくる、空間で操作できるホログラムのように見えているんです。たまに僕は施術中にあさっての方向を見ていますが、瞳の中のスクリーンに脳内の情報を投影して見ているんです。

これはサバイバル・テクニックと同じです。例えば川が氾濫した状況をシミュレーションするときにも、僕には実際に、堤防が決壊して濁流が来る音まで聞こえるのです。ちょっと異常な世界です。うさん臭い治療はそれの応用です。

話を女性の施術に戻します。その方は、施術1回目でまぶたが動くようになって、3回目で視力も戻りました。神経の溶接がうまくいったのです。ただ5回目の施術日あたりでラマダン期に入ってしまって、「本当はもうちょっとやってもらいたいんですけど、喉が渇いているし、つらい」と言うから、そんなわがままを言うのなら、と治療を無期中断にしました。

数年後にその患者の女性と街ですれ違ったとき、「あっ」と声を上げました。普通に歩いていて、完全に回復していたんです。施術の成果に感動しました。施術をスタートした当初は顔面麻痺もあって痛々しい容姿でした。普通にリハビリなどもしたのでしょうが、すっかり麻痺も消えていて、本当にきれいになっていました。

そのあたりから、とんでもない魔法を使う日本人、すご腕の日本人ドクターがいるというのが街に広まっていったんです。

翌年、ピエールからクリスマスプレゼントにスマートフォンをもらって、登録のためにショップに行きパスポートを出したら、それを見た瞬間に「あなたがあの日本人のドクターですか？」と聞かれ「何で知っているの？」と問うと、「みんな話している」と言うのです。ただうわさ話をしているだけで、実物を見たことはなかったと。しょっちゅう通りかかっているんですけれどね。

実際に施術を受けたことはおろか、見たことさえないから実在する人間とは思えないのでしょう。不思議な力で奇跡を起こす日本人として、気がつけば僕は「都市伝説」になっていました。

人種差別され罵声を浴びる日々

モロッコでも人種差別は当たり前にあります。

例えば、住んでいたアパルトマンからスーパーマーケットまで行くのに徒歩で15分かかりましたが、1分ごとに、「先生」「ドクター」「お医者様」「マジシャン」と声をかけられ、ちょっと行くと、「クソ中国人」「死ね」「帰れ」と、アラビア語で罵声が飛びます。フランス語だと、中国人は「シノワ」、アラビア語だと「シヌゥイ」。悪い言葉と悪意がある言い方というのはノイローゼになりそうなくらい、頭に残るんですね。

一方では、「神の使い」とか、「あなた自身が神だ」とか、「モーゼ」とか言われました。

僕のことを「モーゼ」と言ったのは役所勤めの糖尿病患者でした。僕は糖尿病そのものに対しては施術しませんから、その方の場合は凝りや痛みを取る作業だけをしました。施術中には、僕がどれほどのヘイトに悩まされているか、疲れ切った心情を語り続けました。

もうヘイトを聞くのはイヤだから、一度、モロッコを離れると言ったんです。すると彼は「あなたが今モロッコを離れるのは、これほど身勝手なことはない。あなたには、その能力をもって我々を導く義務がある。この国の医療を改善するのが神から与えられた使命なのである」と言っていました。

街を歩くときには、日の丸をつけました。

僕自身、中国人の友人はたくさんいますし、彼らに対する負の感情は皆無です。しかしながら、僕は日本人であることに誇りを持っているし、そのアイデンティティーがあったから折れませんでした。これは外から日本を見ないと分からない考えだと思います。

障がい者支援協会のアトリエで働いている障がい者の女性職人に、「ＪＡＰＡＮ」とロゴの入った日の丸を刺しゅうしたパッチを１枚１００円程度でつくってもらったこともあります。できが悪いから、自分で直しを入れて、Ｔシャツに縫いつけて歩くと、かなり罵声が減ります。見ないやつは見ません。チラッと見て、「アジア人、クソ中国人、帰れ」「死ね」「消えろ」と、石を投げられたこともあります。

中国は現地の人を支援しているようでも、結局は稼ぐだけ稼ぎ、根こそぎ持っていくと言われ、嫌われていました。

日本のODA（政府開発援助）はほぼ与えるだけです。これまで世界各地でいろいろなことを言われましたが、日本人と分かるとアフリカ大陸の多くの国では感謝されました。日本人だと知ると態度がガラッと変わります。

例えば、外人部隊で中央アフリカ共和国に駐留した際にはこんなこともありました。そのときは空港警備が任務の一つにあって、フランス人が帰国するから、その護衛につけと言われました。「アイツらも軍人なのに、しようがない……」とぼやきながら、電線のケーブルを切っただけの警棒を持って行くわけです。

そのとき、現地の黒人が、「中国人、ほら、聞こえているんだろう?」と何回もちょっかいをかけてきました。バカな白人も似たようなもので、僕を見ると「中国人」などと言ってきます。フランスでもアジア人に対しての差別は、いまだにあるようです。イタリアでは、もうほとんどないですね。

小隊長の中尉が「彼は日本人だ」と言ったら、ちょっかいを出してきた黒人から「日本人か。ごめん」とあやまられたこともありました。


別のミッションで滞在したアフリカのとある村落では、日本のODAによってアスファルト舗装された道路があり、お礼を言われたこともありました。井戸が遠くにあって、自宅から10キロくらい歩かなきゃいけない。そんなところにアスファルトの道路をつくってどうするんだと、多分日本で政府はかなり叩かれたはずです。

現地には「日本政府がこの道路をつくりました」とだけ書いた小さい石碑がありました。僕が行った当時は道路ができてから10年くらいたっていたのですが、ひび割れ一つなく、立派な道路でした。雨の日でもぬかるみがないので、そこをスタスタ歩いて水をくみに行けます。流通事情も格段によくなったと思います。そこで、現地で知り合った女性からやさしい笑顔で「あなたたち日本人には本当に感謝している」と言われました。

本当にコロッと変わります。「中国人」とののしっていたのが、日本人と分かるとやさしい顔になるんです。

そうしたつらい日々も、甘いカフェオーレと楽しく過ごしたイタリアに思いを馳せることで、なんとか人間のままでいられました。

婚約者の冷たい反応と別れ

ある日いつものように、アパルトマンにハナンが来ていました。そのころにはモロッコ全土からクライアントが来ていて、僕もメチャクチャ忙しかったので、週1回、日曜日だけ休みにして、彼女を治療していたんです。

そしてまたいつものごとく、罵声を浴びせられるわけです。窓はすりガラスだから外から部屋の中は見えないけれど、外で「あいつ、日本人と言っているけど、絶対にクソ中国人だぜ。早く帰ればいいのにな。どうせバイキン持ってきてるんだろう」と、子どもから大人まで言っているのが聞こえるのです。それはアラビア語ですが、その辺のスラングに関しては、長年言われ続けているので、何を言われているかは分かります。ショックだったのは、それを聞いて、彼女がクスッと笑ったことです。


その1週間後、彼女がまた日曜日に来たときにも、外から罵声を浴びせられました。そのときには度重なる嫌がらせに精神的にもボロボロで、このままザゴラの砂漠あたりに行って、首をかっ切ろうと思ったほどです。

実際に、北部のピエール邸に行ったときにスーパーで、オレンジ色のブレードにミカンを半分に切ったかわいい絵が描かれた果物ナイフを見つけ、切れ味がよかったので、それだけを手にレジへ行ったこともありました。

僕の死生観は多分一般の人とは違います。戦いの場では常に死と隣り合わせです。死は身近で怖いものではありません。面倒くさいから、楽になりたいから死にたい、と思うこともよくありました。彼女がその日来たときも、もう死んで楽になりたいと思い、これが最後の治療だと心に秘めていました。

ハナンは僕の施術を真剣に受けず、「痛い。痛い。もういい」と言っていました。そこで思わず「みんな、この治療にどれだけの金を払っていると思っているんだ？　お前！」と怒鳴ってしまいました。わがままを繰り返し、僕の心労に気づこうともしない彼女の態度に腹が立ったのです。

お金がなくても、先行投資でサロンの備品をそろえないといけません。でもキッチンには食料が蓄えられているわけです。1週間ごとにどんどん食料が増えていくから、彼女は、僕が十分儲けていると思っていたのでしょう。でも実際は1円でも安い食料をと10キロメートル以上も歩き、その辺の主婦よりも努力をして節約していたのです。待合室用のプラスチックの椅子を買うために、1週間、1日1食で、コッペパンとコーラで過ごしたこともありました。

僕が罵声を浴びせられるのを見て笑われたこともあって、僕の中ではそれが2人で過ごす最終日でした。その後は荷物をまとめて、リュックを背負って、砂漠に行こうと思っていました。一番静かな、フランス語の表現でトランキル（tranquille）の状態、無音の状態でラストを迎えたいと思いました。気持ちいいんです。週末の砂漠は。キーンと耳鳴りみたいなものしか聞こえず、本当に気持ちがいい。その状態で終わりたいと思いました。最後の晩餐用のチュニジア製のインスタントラーメンと、米と海苔を持って。飯盒でご飯を炊いて、おにぎりにしたいなと思いました。ラーメンとおにぎりで最後の晩餐をしてから、一気に動脈を切って確実に死のうと思っていました。

首吊りは、失敗する可能性が高いんです。失敗して脳性麻痺になった状態で助けられたくないと思ったので、首吊りはやめました。観光コースのちょっと横で、夜に死のうと思いました。多分観光客が風景を見て、「きれいね」とか言って車から降りたときに、発見してもらえるだろうって。素性がすぐに分からないように日本語で遺書も書きました。フランス語で書くと素性がすぐに分かってしまい、憲兵隊に金品を根こそぎ取られる可能性があります。モロッコでは都市部を守るのは警察ですが、それ以外は憲兵隊が担当していて、お金に汚いんです。

ある人に相談したら、「遺書は日本語で書いたほうがいいよ。時計とかは遺品として誰かに渡したほうがいい」とアドバイスされたこともあります。つまり、自分に遺品をくれと言っているんです。その辺もさすがモロッコ人です。憲兵に取られるくらいなら俺にくれ、というわけです。とにかく、そこまで細かくシミュレーションしていました。

ハナンの最後の施術が終わって、彼女を座らせて、断片的にしか伝わらないかもしれないと思いながらも、フランス語で語りかけました。「精神的に限界だから、人生から降りさせてくれ。ごめんね」と。婚約は口頭でオフィシャルではありません。モロッコは書類重視の社会なので、書類にサインがなければ何の意味も持たないのです。実際、彼女の信教を尊重して、プラトニックな関係でしたし。

ハナンには「遺書を書いていくし、君にも迷惑がかからないようにする」

と伝えました。アパルトマンの大家にはずいぶん嫌がらせをされたから、アパルトマンで首吊りでもして、大家に迷惑をかけるのは別にいいんです。でも相談した人に、「周りに住んでいる人たちが迷惑するからそれだけはやめてくれ」と言われました。本当は大家の自宅の前で首を吊ってやりたいくらいだけれど、助けられる可能性も高くなるし、やめておくかと。

最後に日本語とフランス語で「ごめんね」と言ったら、彼女は嘲るような表情を浮かべ、顔をそむけました。たかだかアジア人が私の頬に手を当てて、何を気取っているんだ、というような表情に、僕には感じられました。彼女にとって大切なのは、僕との未来とか愛ではなく、自分の生活や将来なのだと思えました。

1年半の間、無償で施術をして、動けるようにして、それを継続するためにプロポーズまでして。

彼女にしてみれば、僕は神が連れてきた人で、その人が勝手にやったこと。私と結婚したがっているのだから、施術をするのも当たり前なのよ、と思っているかのようでした。切なかったですね、悲しくて悲しくて、息の吸い方さえわからなくなるくらい絶望しました。

結局、彼女は自分の利害が一番なのです。例えば20円稼ぐとします。利益は折半するならいい。でも相手が自分よりも少しでも多く、11円稼ぐんだったら、潰しにかかる。これがモロッコ人のスタイルだと言われたことがあります。1円でもこっちのテリトリーに入ってきたら、おまえを潰すぞ、という考え方がスタンダードなのだと。

さまざまな思想を持った人間、国が存在するのは十分理解しているつもりです。その土地の流儀に関してとやかく言うつもりはないけれど、器が小さい僕には、とうてい受け入れることができない考え方でした。

そうして彼女と別れて荷物をまとめて死ぬ準備をしていたとき、タイミングを見計らったかのようにイタリアにいる親友から電話がかかってきました。「どうだ。元気でやっているか」と言われ、「もう限界だ」と答えると、「じゃあ、イタリアに帰ってこい」と言ってくれたのです。

それと同じ日に、ピエールが自宅に呼んでくれました。絶望が顔にあらわれていたんでしょうね。「おまえ、そろそろウチの協会で働くか。滞在許可なんて、どうとでもなるから」と言うんです。本当にどうとでもなるんですよね、ピエールは街の首領（ドン）ですから。

ピエールには「申し訳ないけれども、もうここではやっていけない」と断りました。

「俺は今までおまえにこの国の医療を変えてもらおうと思って、いろいろやってきたけれど、全部無駄だったな」と言われました。

最後に、彼のレストランで高級フランス料理を食べさせてもらって、「じゃあな。またいつか」と別れて、イタリアに帰りました。もうモロッコには戻らないつもりで、人生を終えるにしても、ヨーロッパでピリオドを打ちたいと思いました。しかし親戚から母の認知症の症状を聞かされ、悩んだあげく、結局は日本に一時帰国し、母を治療することになったのです。

心臓が止まって救急搬送

日本に一時帰国して、3カ月間、滞在しました。2015年のことです。

母は糖尿病がひどくなりその後に認知症を発症し、のっぺらぼうみたいな無表情で、笑うこともなくなっていました。何か言えば、「じゃあ、私に死ねということか」と文句を言われました。何でも悪口に聞こえるようで、文句を言う以外の時間は虚空を見つめていました。

母の症状に対しては、E《エ》・L《リ》・E《ー》を使うしか術《すべ》はないのは分かっていましたが、おそらく十中八九、僕の身体に深刻な影響が出て、これから母に出るであろう数々の症状を引き取ってしまう可能性もありました。

ふり返ってみればハナンのときがそうでした。脳性麻痺で、右半身が不自由な彼女を何とかしてあげたくて、行き詰まる治療状況を打開したくて、かなりディープにE《エ》・L《リ》・E《ー》を施したら、彼女の症状とシンクロしてしまいました。症状の改善ポイントは見つけられましたが、その日の夕方から僕の右半身に麻痺症状が出て、それが1週間続いたのです。何とか左手で治療法を探って行い、回復はしたものの、その後にもう一度右半身が麻痺することもありました。太古のヒーラーみたいな能力を自分が持っていることに喜びと憂いを感じていました。

母親の顔をまじまじと見て、彩りがないことが悲しくて悲しくて、E・L・E《エリー》をやろう……と決めました。どこで血液や神経の流れが遮断しているのか？　電気工事のときに通電しているかどうかを調べる機械がありますが、それを指でやるのです。電気抵抗を探り、出力を調整する。E・L・E《エリー》を出力するときは、水まきのときに水圧や水の出し方を調整する散水ノズルと同じ要領で、出し方は自在に調整できます。その際は、体内のどのポイントやラインにどのくらいの電力が必要かを、脳内の松果体《しょうかたい》あたりで視ているのです。

僕は頭の中で数式や記号をブンブンと回し、母の頭に手の指を配置するような感じで脳内にダイブしました。指先から出るE《エ》・L《リ》・E《ー》の触手をカテーテルのようにコントロールし、詰まりのポイントをクリーニングして血液やニューロンの流れを正しました。

万が一自分に認知症の症状があらわれたら、死ぬしかないなと思っていました。だって、僕は認知症で生きたくはないから。もしそうなったらなったで最後にもう1回だけ母を治療して、完全にもとの状態に戻してから逝こうと考えていました。

施術は昼間に行いました。帰国したばかりで時差ボケがあったので、それもいけなかったのです。時差ボケが治ってない時点で、体調が万全ではないときに、そうしたディープな施術をやってしまいました。

昼間に母の施術を行い、日付が変わって深夜3時半ごろ、テレビの深夜放送を見ながら、そろそろ寝るかと思って、ミルクティーを飲もうとしたら、ドーンときたんです。これは心筋炎がきたと思いました。ドーンときてから、ドッドドドド、ドンドンドンと、まるで和太鼓の乱れ打ちです。白く強いライトに包まれて、あの世に行く感覚に陥りました。お花畑は見なかったです。実際に臨死体験をした人に聞くとお花畑を見るのは日本人特有で、そういうイメージが刷り込まれているのです。外国では、本当に心臓が止まった人は、僕みたいに光に包まれてドンッとブラックアウトするようです。

その後に脳障害が出なかったので、心臓が止まっていたのは、多分3分とか、せいぜい4分弱だったと思います。倒れた瞬間に、「ごめん、完全に治せないで死ぬわ。みんなの病気をもらって逝くからね」と言って、もう見えていないのですが、目を閉じて、一応心臓に指を当てて、E《エ》・L《リ》・E《ー》を送りました。その時点で、心臓は完全に止まっていたんです。

何かの科学雑誌に書いてあったのですが、心臓が止まってからも、血中に酸素が残っているため、10秒から、長い人だと1分くらいは意識があるらしいのです。周りの様子も見えていることがあると書いてありました。ああ、本当なんだと思いながら、意識を失いました。

テレビの医療ドラマはよくできていると感心しました。その後の展開が一度は見たことがあるものでしたから。「グハァッ」と息を吹き返し、普通の人間なら1ミリメートルも動けないのでしょうが、僕はなぜか立ち上がれてレンタルビデオ屋さんで借りたエッチなDVDを処理しにかかりました（笑）。

その時点で死ぬと思っていたから、もういいと諦めていたから、レジ袋を二重に頑丈にして、ビデオ屋さんには悪いけれども、そのままプラスチックゴミです。なぜかテレビは消えていて、黒い画面に映っている自分が、亡霊みたいに真っ白人間だったんです。後で鏡を見たら、蠟人形みたいに完全に血色がない顔をしていました。氷みたいに冷たくなっていて、表情筋が動かないんです。

冷水に入ると内臓に血が集まります。これはサバイバル・テクニックの一つですが、人間の身体というのは血流を全部集めて、内臓だけでも生き残ろうとします。だから凍傷は、生命を維持するために必要となる優先順位が低い（最悪失っても維持できる）手足から起こるのです。

エッチなDVDを処分して、よしと思ったけれど、そのタイミングで一緒に住んでいた親戚がトイレに起きてきました。午前3時40分くらいです。この状況を知らせずにこのまま逝くほうが楽だと思いました。でも朝、母親たちが起きてきて、冷たくなった僕を発見するというシーンは忍びないと考え直し、とりあえず助けを求めることにしました。

僕の部屋からトイレまでは5メートルくらいありましたが、5メートルって、心筋症になった者には1キロくらいに感じるものです。その間に死ぬかなと思うくらい、全然動けないんですよ。ちょっとずつしか歩けないんです。普通の人は動けないですよ。僕は外人部隊で鍛え抜いたおかげか何とか動けました。

親戚がちょうどトイレから出たタイミングで、「さっき、心臓が止まったんだ。悪いけど、救急車を呼んでもらえるかな？」と伝えました。3年外国に出ていたので、健康保険も入っていませんでした。ただならぬ雰囲気になり、母も起きてきて、見たら蠟人形のような顔色の僕が立っているじゃないですか。母にお国言葉で「どうしたと?」と聞かれ、「さっき、心臓が止まった。多分、また止まるから、できれば救急車を呼んでもらえれば助かる」と伝えました。

救急車を呼んでもらい、庭を7メートルくらい歩いて道路に出て、救急車を待っていました。救急隊員が着いたとき、最近は輩がタクシーがわりに呼ぶことが多発していたので、舌打ちをされました。心筋症でそんなに歩けるわけがないから。でも僕の手を取った瞬間に、氷みたいに冷たいので、すぐに受け入れられる病院を携帯で探してくれ、「明らかに心筋症の症状です。非常に危険な状態です」と、僕から2メートルあたりのところでしゃべっているわけです。全部聞こえていて、やっぱりねと思いました。

救急隊員に、「動けるみたいだから、自分で乗り込めますか?」と聞かれ、

「大丈夫です」と答えて、自分でストレッチャーに寝て、そのまま病院に運ばれました。運がいいことに、たまたま当直が循環器系の医者でした。ストレッチャーで運び込まれて、管を3本か4本入れられて、強心剤みたいなのを投与されて、心電図につながれたんです。血圧も高ければ、心電図モニターの心拍数も160くらいあったのかな。クランプ（けいれん）を起こしそうで、危ない状況でした。

いろいろな薬を投与して、心電図を見たけれども、どこにも異常が見られない。その循環器系のお医者さんはメガネをかけていたのですが、ライトで反射して、サングラスみたいに見えるメガネの奥で悩んでいました。腕を組んで、ずっと首をかしげているんです。原因不明だから処置のしようがない、と。ベテランのナースさんは冷静で、意識がランダムに飛んでいる僕に話しかけ続けてくれました。「どういうお仕事をやっていらっしゃるんですか？」

と聞かれて「整体でちょっと特殊なことをやっています」と答えました。

話をつなげておかないと意識を失ってしまいます。目が、腹話術の人形みたいにカッカッカッとなっていました。心電図モニターのアラームが鳴り出したので、ふっと横を見たら、心拍数は39くらいに下がっていました。その前、ちょっと見たときは40いくつで、本当に危ないんだなと思いました。39、36、30となったので、心臓が止まると思いました。そしてゼロになったんです。

周りの音がすべて消えて、医療スタッフの動きがスローモーションになりました。

ＡＥＤ（自動体外式除細動器）の化物みたいなやつを用意していたのが見えたので、いよいよだと思いました。ＡＥＤとは、心臓がクランプ（けいれん）を起こしているところに電気ショックを与えて、心臓を正常な状態で再稼働させるものです。止まった心臓を動かすと思っている方もいますが、それは間違いです。ちゃんと講習を受ければ教えてくれます。心臓が止まったときに必要なのは、心臓マッサージです。心臓マッサージの効果がないときは、心臓がけいれんを起こしている場合が多く、ＡＥＤが必要となります。

ＡＥＤをガラガラと用意してきたので、ドーンと電気を通す瞬間まで意識があるかな、最後の最後にいい経験だなと思って、楽しんでいました。楽になれるし、死ねばもう、亡霊や魑魅魍魎《ちみもうりょう》のごとき病人たちが僕に群がる日々も終わるし、いいなと思ったんです。

だんだん視野が、ピントを絞るみたいに狭くなっていって、辺りが黒くなってきました。そして視野が5円玉の穴くらいになったとき、勝手に手がスッと動いて、肩口をドーンと突いたのです。

そして心臓の際をほぐしてからＥ《エ》・Ｌ《リ》・Ｅ《ー》を心臓に通したら、３秒後くらいで、心電図がいきなりまた正常に戻り、脈拍も正常になったのです。セルフ生き返り術です（笑）。

その後は、救急スタッフは後片づけです。全員で、「はい、どうも」みたいな感じで事務的に片づけを始めました。たまにあるのではないのでしょうか、このような不思議なことが。

その後、いろいろと検査をしました。その日に出た検査結果の内容はすべて異常なしで、自宅に帰ってよし、ということになりました。もう朝の5時になっていましたが、「明日、残りの検査結果が出ますので、もう一度来てください。お気をつけて」と言われ、できるだけ動いてはいけないので、人生初の車椅子に乗って、タクシーで帰りました。

本当にあったことを話しても聞いてもらえないだろうと、僕は何も言わずに病院を後にしました。ベテランナースは聞いてくれるとは思いますが、そんな話、信じるわけがありません。「母親の脳内にダイブして、シンクロして、戻ってきたときに症状をもらっちゃって、心臓が止まりました」と言っても、「バカか、おまえは、錯乱状態だ」と言われてしまうでしょう。

次の日病院へ行き、医者から、「昨日の当直スタッフはやれることをすべてやりました。検査も完璧です。数値も……」と、ペーパーに書いてある話を5分くらい聞かされました。そして最後に「申し訳ありませんが、原因不明です」と言われました。それはそうです。心筋症の症状が出たというだけで、心筋症じゃないんだから。

医者から「でも、99パーセント以上の酸素濃度があるから、過換気かな。一応、過換気の薬を出しておきますけれども。このような症状が出たのは、本当に初めてですか?」と聞かれ、「初めてこんな状態になりました」と答えました。

過換気とは、検査では異常が認められないのに突然胸が苦しくなり呼吸が速くなる病気で、今はシンドローム(症候群)となっていますが、いろいろな症状を引き起こします。何らかの要因が重なって、他の病気も重なって、こういう状態、いわゆる危篤みたいになるのは分かるけれど、持病がない人では通常はあり得ないそうです。病院に長居しても意味がないので、「ありがとうございました。感謝しています」と言って早々に帰りました。

ボランティアの外国人理学療法士として活動

その後、いろいろあった日本での3カ月を終えてイタリアに帰ったはいいものの、ハナンと別れた本当の理由や事情を知らない人から、非難の集中砲火を受けました。差別を受けた経験のない白人の彼等には理解できないのでしょう。僕の言動は大学内で広まり、次第に孤立を深めていったのです。

「僕が死ねば、みんな幸せになれるのか？」……モロッコの砂の街の暗い部屋で何度も頭の中に響いたフレーズがまた心に聞こえてきます。悩んだあげく、ピエールにメールを送信しました。「S・O・S」と送ると「来たいなら来い」とシンプルな返信。このぶっきらぼうな言い草を訳すと、「全面的にバックアップするぞ」ということです。

真の善人であるやさしいピエールは、いつもこんな感じで僕を受けとめてくれます。それは知り合って11年目になる現在も変わっていません。

イタリア人の親友に借金をして、モロッコ行きの片道切符を手に入れました。「やはり砂漠で終わるのか」と失意を背負いながら、再びモロッコに舞い戻りました。

その後2016年の半ばごろから、ピエールの運営する障がい者支援協会が所有する敷地内の店舗で整体院を開き、半年ほど施術業をしていました。しかし3カ月ごとのイタリアへの出国からモロッコに戻ったとき、知人の裏切りにあい居場所がなくなってしまったため、障がい者支援協会に本格的に在籍する運びとなったのです。

僕がモロッコに帰ってきているという話が広まると、また無料で施術してもらおうという人が出てくるわけです。あの人たちは本当にえげつないです。でも僕はもう取り合わないと決めていました。だって、バックにはピエール様がついているので、誰も手出しできないから。国王が南部のワルザートに視察に来たときは、国王からピエールに手を振るくらいの大物なのです。

しばらく何もなかったのですが、どうにかして僕に取り入って無料で施術を受けようとしたのでしょうね。役所が、外国人の滞在者調査みたいなのを始めたのです。以前違法労働みたいなことで、市長に呼び出されたことがありますが、そのときは、ピエールの威光でうやむやになりました。

諦められなかったのか嫌がらせか、あの手この手でアプローチしてきました。ある日、市の職員が障がい者支援協会内にあるゲストハウスの、僕の滞在している部屋に来て書類を書けと言ってきたのです。一応イタリアの指圧指導員と生理学の国家資格を持っていたので、職業欄にキネジテラピスト（理学療法士）と記入しました。

モロッコでは、医師免許を持っていなくても欧州の医療国家資格を持つ男性は皆、医者として登録されます。僕もそれから2年半、登録上は医者ということになっていました。漫画みたいな施術法で人を癒やしてきましたが、そのころはそれこそ漫画のようなストーリー展開で〝正式なモグリの医者〟として活動していたのです。

コロナ禍でモロッコから出国を迫られて

しばらく経つとピエールは、障がい者支援協会の運営から退きました。障がい者も含めた協会職員のメンタリティーに嫌気がさして、自ら協会を去っていきました。僕はピエールという大きな後ろ盾を失い、協会にとって利用価値が薄れたせいか風当たりが強くなり、かなりの自腹を切りながら進めていたプロジェクトを抱えていたにもかかわらず、協会からの退去を言い渡されてしまったのです。

協会を去り、旧知のクライアントさんが経営するユースホステルに舞い戻って、イタリアとモロッコを行き来する生活を再開しました。

一応おだやかに暮らしていましたが、そこに新型コロナウイルスです。ちょうどモロッコに滞在しているときにロックダウンになり、モロッコからはイタリアに入国できなくなりました。モロッコから出るときも、出国期限ぎりぎりでした。

2020年8月9日にモロッコからイタリアへの航空便運航が停止される

ことが、8月7日に公布されました。フランスにはまだ入れたので、パリ経由のチケットを手に入れる必要がありました。でもそのときは経済的に追い詰められていて、チケットを買うお金がなかったのです。在モロッコ日本大使館や外務省の人と連絡を取り合っていたのですが、モロッコを退去しないと違法になって、刑務所に入ることになりますよ、と言われました。

それまではモロッコから出るなと言われていたのに、急に出なくてはいけなくなりました。どうしようか、僕の体力なら国境を歩いて抜けられるから、このまま南下してマリ辺りの戦場に出るかなどといろいろ考えながら、用意したリュックを担ぎ上げてユースホステルを出たときに、イタリアにいる大切な人の顔が浮かびました。「どうせだめだろうけど、一目会ってから死ねたら幸せだな。言っちゃ悪いけれど、こんな国の砂漠で死ぬより、彼女の笑顔を見てから死ねたらいいいな」と思ったので、イタリアの親戚に電話して、

「助けてくれないか。今、困っている」と伝えたら、エールフランスのチケットを買ってくれました。

モロッコから出国するための航空会社には、エールフランスとエア・モロッコとエア・アラビアの3社がありました。エア・アラビアとエア・モロッコはモロッコの航空会社で、当初は、それでしか出国できないというモロッコ側の主張だったんです。一方、フランス大使館の情報だと、日本人ならエールフランスに乗れますよという話でした。でも実際には、エールフランスのチケットを持っているのに空港で足止めを食らった日本人もいたのです。「これは民間の航空会社ですが、フランス人の緊急帰国用で、政府輸送機と同じだから乗れない」と搭乗口で断られたらしいのです。

情報が錯綜するなかで、出国しなければならない期日が迫っていましたが、インターネットがつながらず、それ以上の情報を得られない状態でした。

とりあえず出国するために、まずワルザザートから飛行機でカサブランカ空港に向かいました。ワルザザート空港に着くと外国人は僕1人でした。他は全部モロッコ人。出国するために足りない書類もありましたが、地元の名士一族である、滞在していたユースホステルの女主人という強力な伝手があったので、「助けてくれ」と言って、タダで移動許可証を出してもらいました。他の都市では役所の人間からワイロを要求された日本人が数多くいたとも聞いています。

結局、どうにかエールフランスに乗ることができ、パリに着いて、空港で1泊しました。それが8日です。あと16時間くらいで9日になるぎりぎりで、少しでも飛行機が遅れたら、イタリアに入国できないところでした。

フランスの税関では、止められました。どこの誰であろうと、ＥＵ諸国以外からの入国は禁止されていたので、もちろんモロッコからは完全に入国禁止となっていました。でも、観光という手段があったんです。「あなたは入れない」と言われましたが、「観光は？」と、15分くらい交渉しました。フランス語がしゃべれて、よかったと思いました。税関の担当者にパソコンの画面に表示されたモロッコ政府による出国期限とイタリア側の資料を提示すると、「施行が9日からか……じゃ、大丈夫だ」と、「ボンボワイヤージュ（よいご旅行を）」と言ってスタンプを押してくれました。その後は、ヨーロッパ内、フランスからイタリアの移動なので、何のチェックもなく、9日の朝にはイタリアに無事入国できたのです。

その後は、観光ビザで滞在できる3カ月間を平穏に過ごしました。前述した世界で一番大切な女性が大学に来ることを願いながら日々を過ごしました。

イタリアで観光ビザが切れても、コロナ禍ではもうモロッコには入れません。いったん国外に出るなら日本に帰るしかありませんでした。結局、ロックダウンで彼女には会えませんでしたが、まあいいか、ヨーロッパで逝けるならいい、と思いました。そんな僕の自殺願望的な諦めを感じ取ってくれたのが、大学の総責任者である従兄弟でした。従兄弟は親族の中で唯一、僕を尊敬してくれているというか、僕の技術をちゃんと認めてくれていました。僕が死ぬ気だというのを感じて、助けてくれました。

そのおかげで、こうして今、日本に戻ってくることができ、施術活動を続けられています。

常識にとらわれない視点で身体と向き合ってきて

今思えば、ハナンを健常者にしたいというのが、施術について考え始めたきっかけでした。そのころは技術的にはひどいもので、E・L・E《エリー》だけでやっていました。それこそ、今の半分くらいの力です。

これまで、頭痛、神経痛、肩痛、背痛、膝痛、腰痛、かかとの痛み、医療過誤による麻痺症状、高血圧、下肢静脈瘤、側弯症、脊柱管狭窄症、大腿骨頭壊死症、一般的には治らないといわれているリウマチなどの症状を持つ人に対しても施術してきました。日本では、脳卒中、脳溢血などの脳の異常による歩行困難や麻痺症状があれば、最低1カ月はベッドに縛りつけられますが、一番やってはいけないことをやっていると僕は思います。脳からはハの字に神経が伸びているのですが、そこが萎縮してかたくなると神経が圧迫されて、麻痺症状が出るのは当たり前なのです。

僕が初めてこの手の人に施術をしたのは、モロッコでクライアントの1人から紹介された脳卒中の30代の男性でした。日本の場合は入院して絶対安静です。だけどモロッコではすぐに自宅療養となり、僕のような人間でも面会することができました。

身体の中のメカニズムは頭に入っているので、それとクライアントの身体とを照らし合わせて、さらに一般的な治療方法をインターネットで調べて、ああ、こんなものなんだね、これならできるかなと思いました。

「脳卒中が起きてからどれくらい経っている？ 3日か4日くらい経って

いないと、さわったら危ない。医師と協力してやるんだったら、いつでもやれるよ。もう4日目だから大丈夫か。じゃ、受けるよ」と言って、3回の施術で、うまく口が動かずしゃべれなかったことや感覚がなかった状態を治しました。

2回目に会ったときには普通にしゃべれるようになっていたので、歩行訓練のやり方を教えました。一般的にバー（トレーニング用の平行棒）などを使ってやりますが、それはやめたほうがいいです。補助ありきになってしまうのです。

壁に指1本軽く触れるだけで、バランスが保てるじゃないですか。向こうの廊下は幅が狭いから、壁に触れながらバランスをとって綱渡りするみたいに歩きなさいと伝えました。そうやって、1週間くらいたったときには、多少ふらつきながらも、普通に歩けるようになりました。神経ラインが戻ってきて、指も麻痺していたのが、ちゃんと動くようになったんです。4回目に会ったとき（施術を開始してから10日目）には、「もう外を歩ける。ありがとう」と、その人は社会復帰しました。間違ったやり方をしなければ、結構、簡単です。

日本の専門家と協力して可能性を追求していきたい

日本で活動するようになって最近気になるのは、恐ろしいほど頸椎がズレているクライアントさんが増えていることです。間違った知識と解釈でグリグリゴリゴリと強引な手法で施術をするサロンが大多数なので、かなりの確率で事故を起こしているのではないかと思います。

僕が開発した「人体物理式施術法」は、物理法則と武道の奥義がベースになっています。地球物理とか流体力学とか量子力学とか、それに日本の伝統芸能の動きとか格闘技の捌きとか、あとは外人部隊で学んだ戦いの技術やサバイバルなどをミックスしたものです。

身体のすべての動きは、脳神経からの信号でまかなわれています。大体腰の少し上辺りまで、脳からの神経が出ているのです。だから、背中を強く打つと、身体全体に麻痺症状が出ることがあります。したがって首から脊柱まわりは銃を扱うように慎重かつ大胆に、そして的確な施術をしなければなりません。一般のサロンのような力まかせはNGです。

とくに首の後ろを圧迫してはいけないのです。僕の施術は血流の改善が著しいので、脳への負担を軽減させるため、初回に限ってその日の食事を含む注意事項を厳しくクライアントさんに指導しています。アルコールはだめ、カフェインもだめ、砂糖もだめと伝えています。

肩凝りは、血流が悪いから起きます。筋肉の動きをサポートするのは血流です。血液の成分は、水、塩、糖分、鉄分です。塩が抜けていたら、生きられません。

皆さんびっくりしますが、塩分控えめが健康にいいというのは、大うそです。塩は生命を維持するのに欠かせないもので、むかしながらの製法でつくられたミネラルを含んだ自然塩を使うことが重要です。塩分の取り過ぎがどうしても気になるなら、きゅうりとかバナナとか、カリウムを含んだものを食べれば、身体から脱塩されます。それに自然塩は、濃度がその人に必要な一定レベルを超えると、尿から自然に排出されるんです。ただし普通に身体が機能している人の場合ですけれどね。

内臓下垂の施術も1回で終わりです。悪性腫瘍は僕はさわりません。

心弁機能が落ちている人も、僕なら施術できると思います。下肢静脈瘤の弁の働きを改善できるのだから、多分できます。だけど、リスクの大きなものはやりたくありません。

良性腫瘍の施術は行っています。いわゆる腫れ物とか痼《しこ》りの場合は、ラードに見立てて、少しずつE《エ》・L《リ》・E《ー》による処理で溶かしていくのです。脳内ならとくに慎重に行います。一気に溶かすと、脳水腫みたいになるから、少しずつ溶かします。

普通、こういう能力を持つ者は、自分の症状は施術できないというけれど、僕は論理的なことをやっているので、セルフ改善をしています。

最近症例を重ねているのですが、アトピー性皮膚炎についても「人体物理式施術法」のフェイシャル技術であれば劇的な改善が見込める未来が見えてきました。希望のドアが少しだけ開いたのです。本来なら専門医の方たちと協力して研究を進めていくことができれば、理想的です。僕は別に病院を嫌っているわけでもないし、敵対しようなどという気はさらさらなくて、ただ保険がきく機関の専門家とともに、より多くの人を救っていけたらいいなと思っているだけです。

今後は、勉強会などを開いて僕の築いてきた施術方法を伝えていくことも考えています。例えばエステティシャンの方々にもお伝えしていきたいと思っています。技術を習得してもらえれば当然利益はアップするでしょうし、きわどいラインにアトピーがある女性も安心して施術を受けられるようになるでしょう。

あらゆる病気に対して、薬以外の有効な選択肢が増えることを願っています。

3章

「人体物理式施術法」
による
身体と心のセルフケア

身体をやわらかくするストレッチ

身体をやわらかく保つためには、身体全体の循環をよくすることが重要です。そこで、身体をやわらかく保つための基本的なストレッチをご紹介しましょう。

頑張ると力が入って筋肉がかたくなってしまうので、気楽に、力を抜くことを心掛けながらやってみてください。身体のやわらかさを保つためには、ストレッチと同時にこまめな水分補給も大切です。筋肉への吸収効率がバツグンな麦茶、水分補給を目的としたスポーツドリンクを薄めた飲料などをこまめに飲むことをおすすめします。

アキレス腱のストレッチ

ふくらはぎには血液を心臓に戻す役割があり、血流をよくするために重要な部分とされ、第二の心臓ともいわれています。

弾みをつけて行う通常のアキレス腱伸ばしでは、かえって足首まわりがかたくなってしまいます。ご紹介するストレッチ方法では足首がかたくなることもなく、通常のアキレス腱伸ばしの倍以上の効果があります。とくにパンプスなど歩きにくい靴を履いていると、ふくらはぎの筋肉がかたくなりやすくなり、血流だけではなくリンパの流れも悪くなります。普段パンプスを履くことが多い人におすすめのストレッチです。

準備するもの

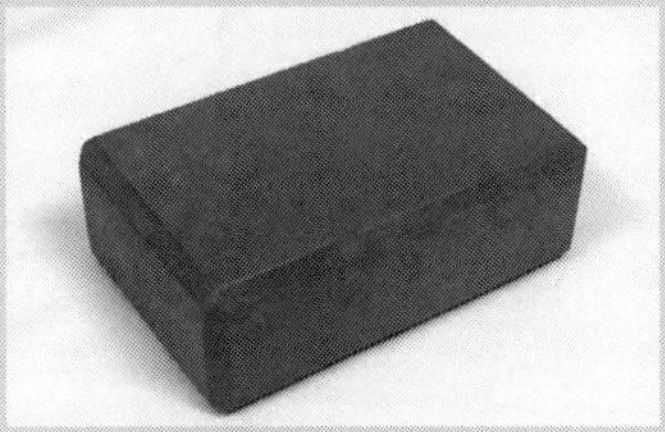

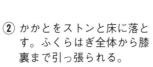

ヨガブロック（高さ8センチメートルほど。かた過ぎず適度な弾力があるもの）

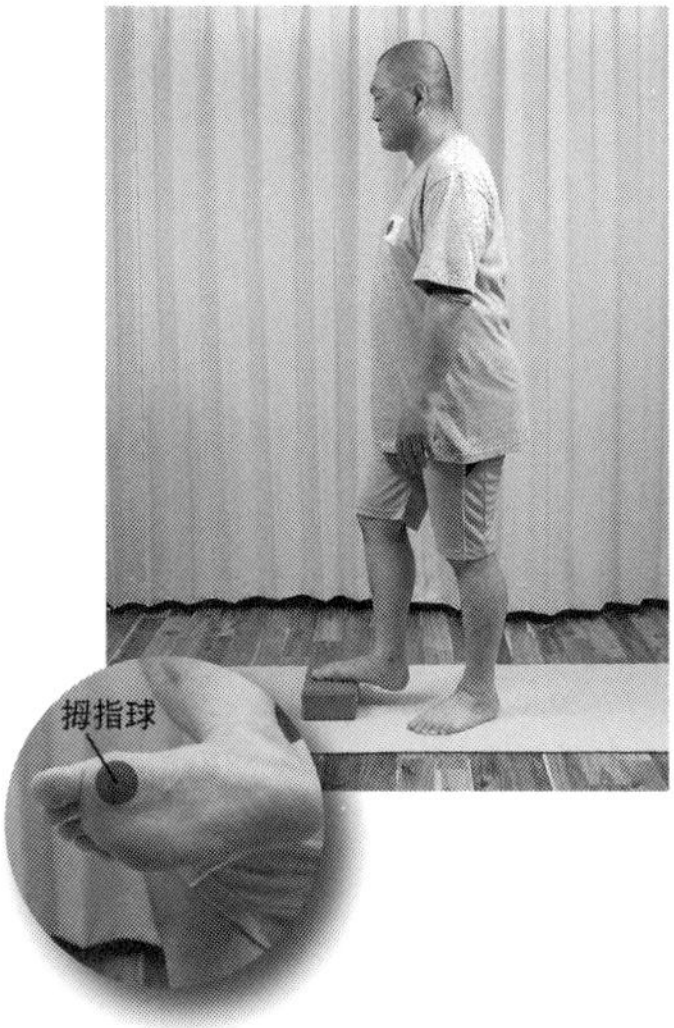

① 拇指球《ぼしきゅう》（足の親指の付け根にあるふくらみ）のきわ（土踏まず側）を、ヨガブロックの角に当たるように置く。

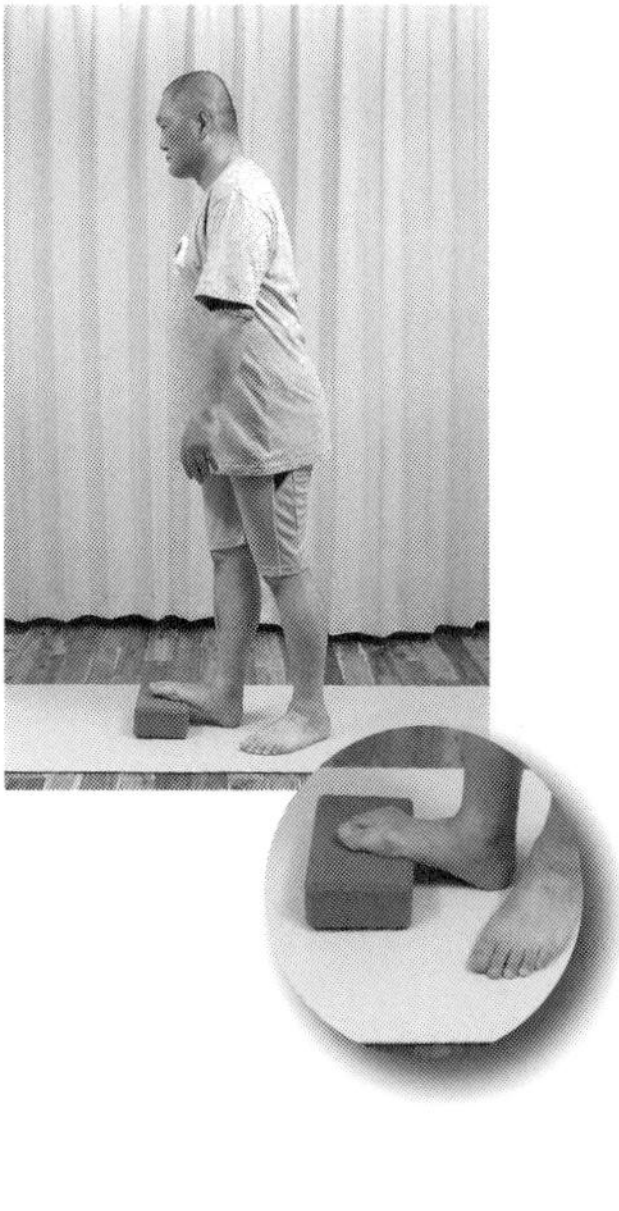

② かかとをストンと床に落とす。ふくらはぎ全体から膝裏まで引っ張られる。

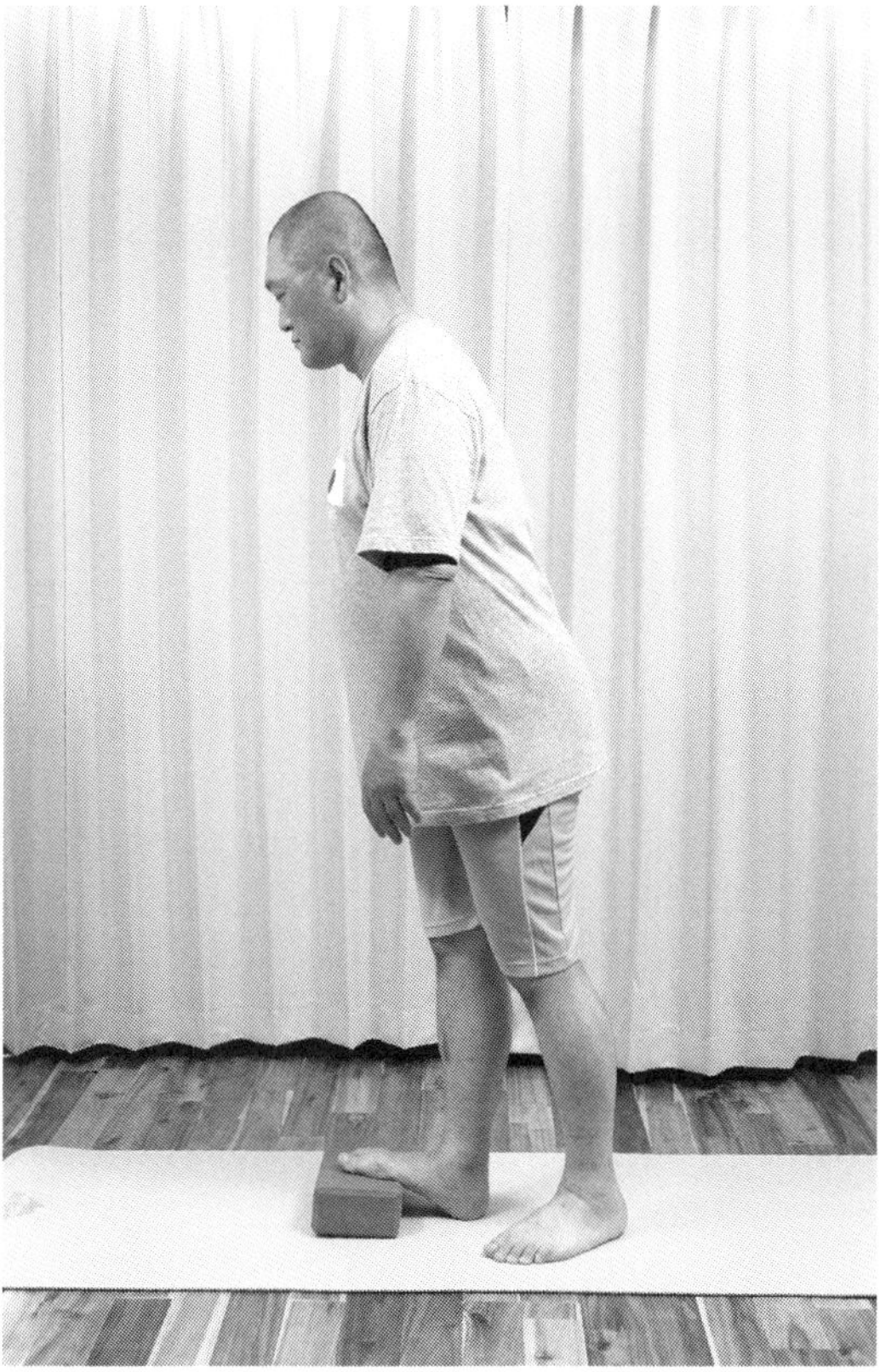

③ ②では、ほとんどの人は重心が後ろに傾き、かかとに圧力がかかってしまう。映画「ムーン・ウォーカー」のマイケル・ジャクソンのダンス（全身をまっすぐにしたまま前方に傾斜させる）のようにすると安定する。安定していく過程で太腿《ふともも》に力が入るので、その力をストンと床に落とすような感じで脱力して15〜30秒キープする。足裏を床につけたまま痛みを感じれば足の位置を変えるなどして、傾斜の角度を調整する。

ストレートネック予防のストレッチ

スマートフォンやパソコンなどをよく使う人は、ストレートネックになりがちです。頸椎がねじれたり歪んだりしている人もいて、そうした人は首に痛みもあるはずです。首の痛みが出る前に予防として、毎日このストレッチを行うといいでしょう。子ども用の水泳浮き輪を首の下に敷いて行います。

長時間行うと首のまわりの筋肉がガチガチにかたまってしまい、逆効果となります。このストレッチを行う時間は、全体で15分が限度です。眠ってしまわないよう、必ずアラームをかけながら行ってください。一日朝晩2回行うといいでしょう。

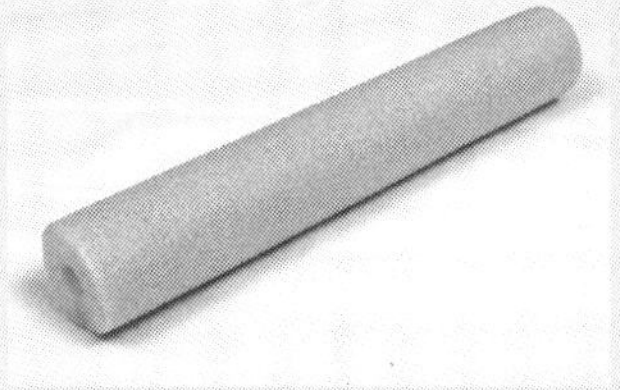

準備するもの

子ども用水泳浮き輪（直径8センチメートル程度。中が空洞になっているスポンジ状のもの。100円ショップなどでもプールスティック、フロート棒などという商品名で販売している）※やわらかく弾力があることが重要。

① 首の下に浮き輪を敷いて、仰向けに寝る。3分間キープ（②～⑥は行わず、10分間これだけでもよい）。

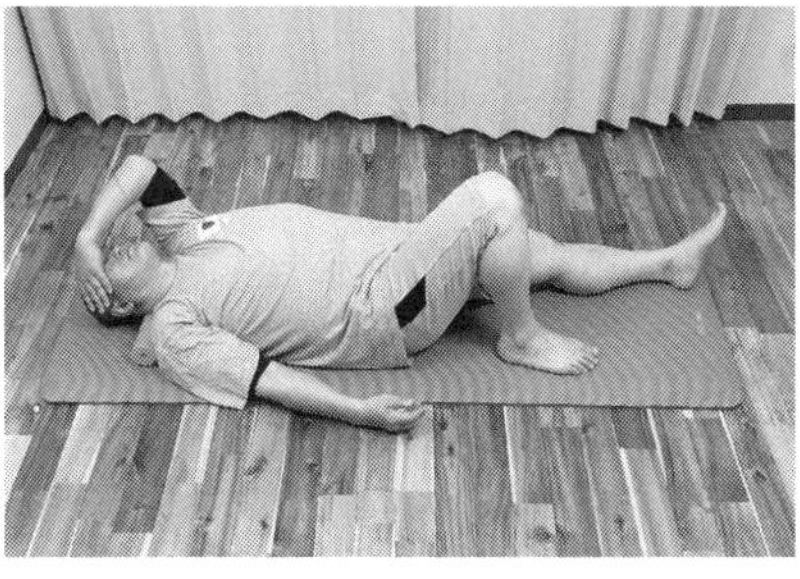

② 右足を立て、左手を右の頬骨に当てる。

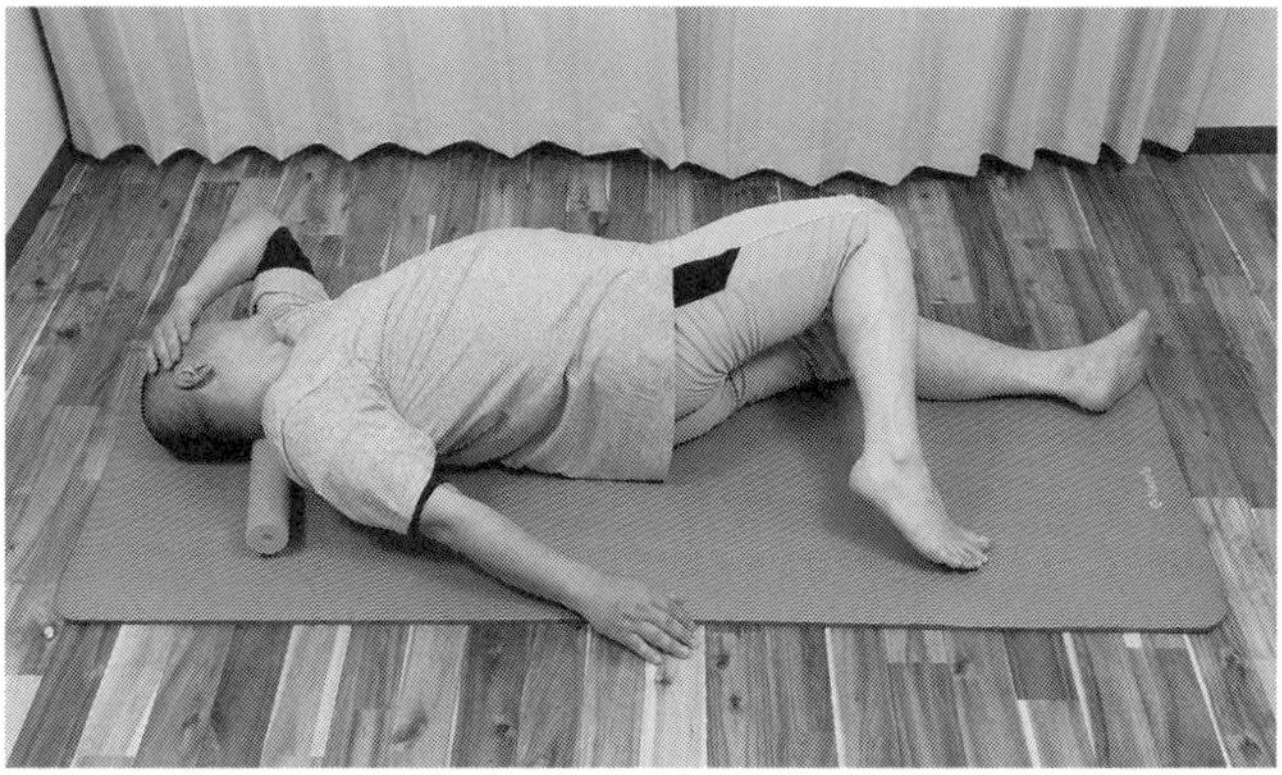

③ 右足のかかとで床を蹴るように身体を左側に倒し、頬に当てた左手の力を抜いて、顔を左側に傾ける。

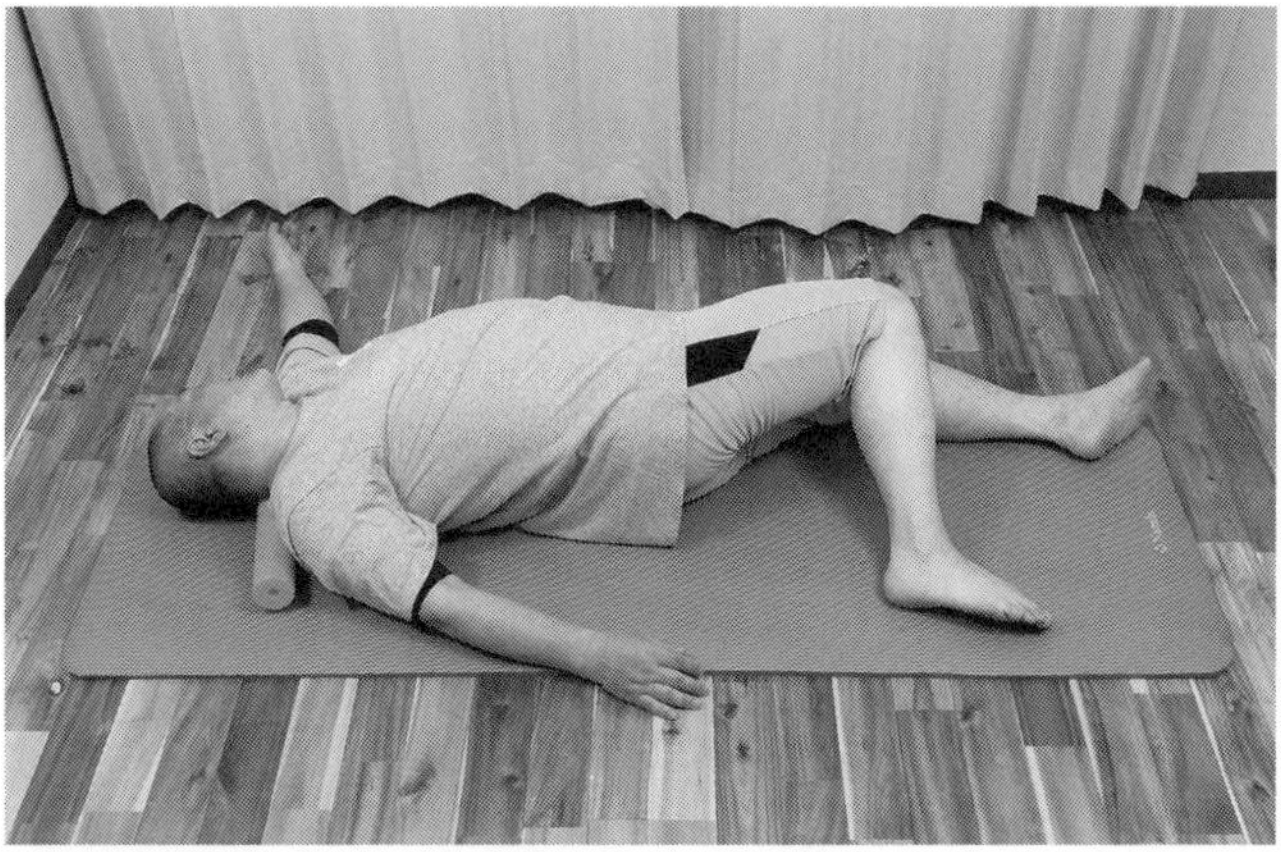

④ 全身の力を抜いた状態で3分キープ。

※効いていないかな？　と思っても、浮き輪に首を押し付けたり、手を添えずに頭を動かしたりしないこと。圧迫されているかどうかが分からないくらいがちょうどいい。絶対に無理な力を加えてはいけない。

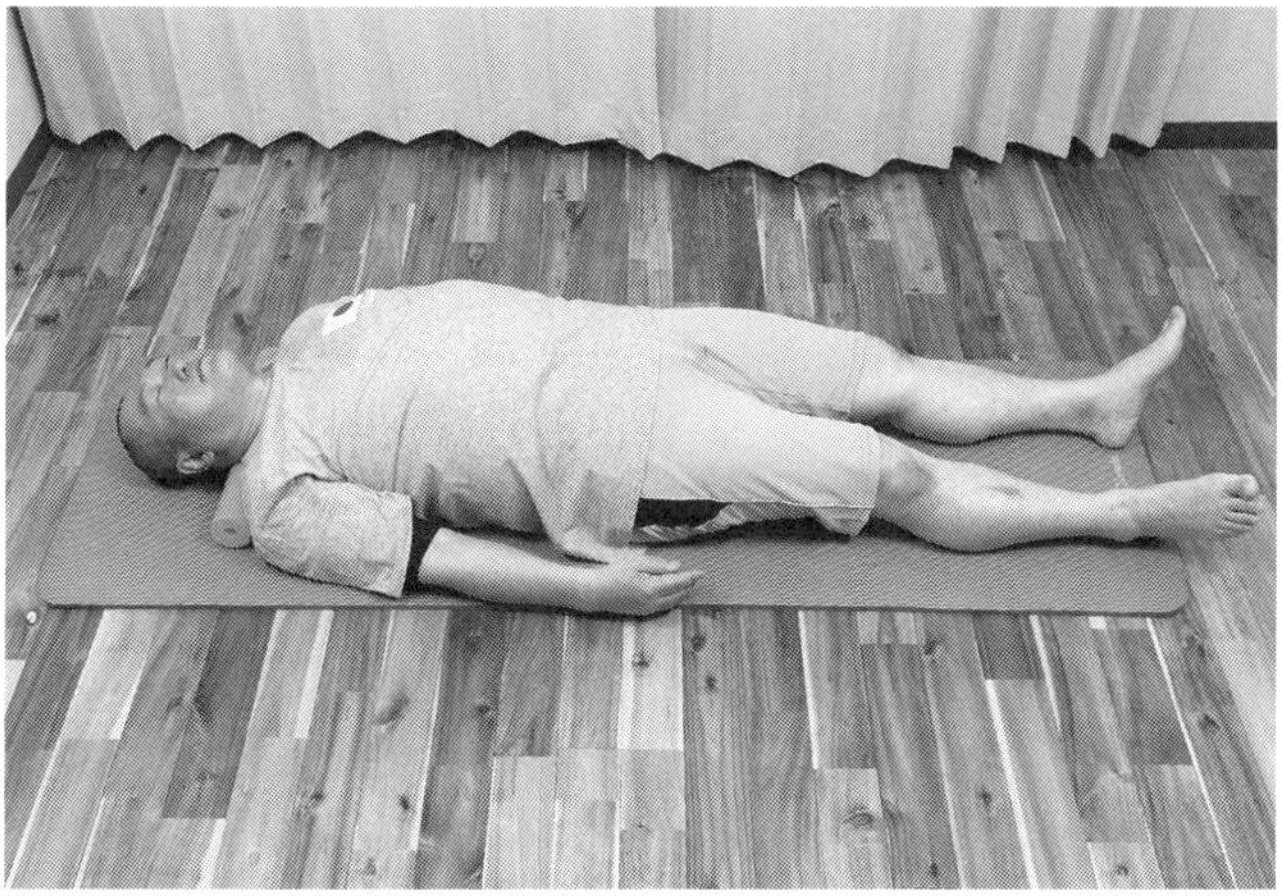

⑤ 全身の力を抜きながら仰向けになり、ひと息（数秒）つく。

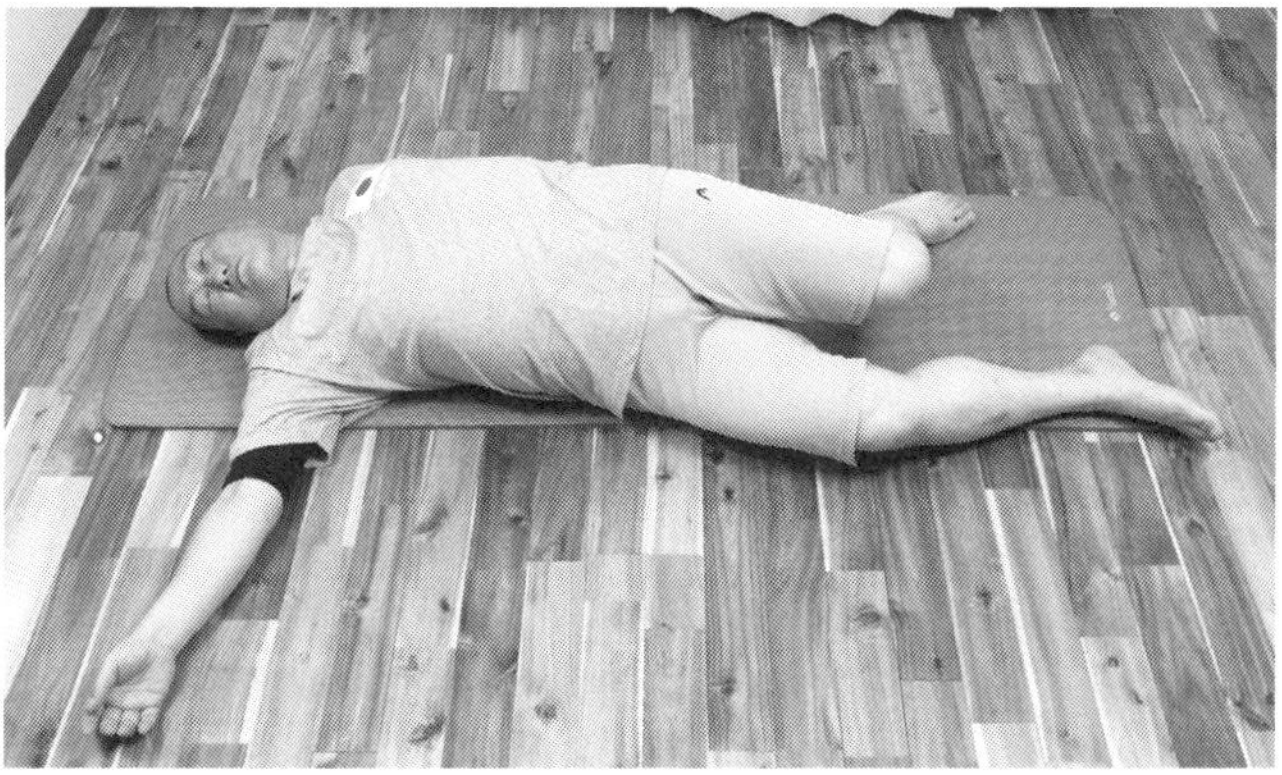

⑥ 左足を立て、右手を左の頬に当てて、反対側も同じように行う。その後⑤に戻って、最後に3分間仰向けに寝てもよい。ここまで行ってトータルで12分ほどになる。

腕と肩のストレッチ

腕や肩の腱や靭帯、筋肉を伸ばしてやわらかくし、手のつりや痛みを防ぐストレッチです。五十肩の予防にもなります。パソコンを使ったデスクワークや手を使って仕事をする方は、腕や肩の凝りで悩むことも多いと思います。腕のストレッチはテーブルの上でもできるので、仕事の合間に行ってもいいでしょう。テーブルの上で行う場合には、力が入り過ぎないように注意してください。ここでも施術と同じく、グイグイゴリゴリは絶対NGです。

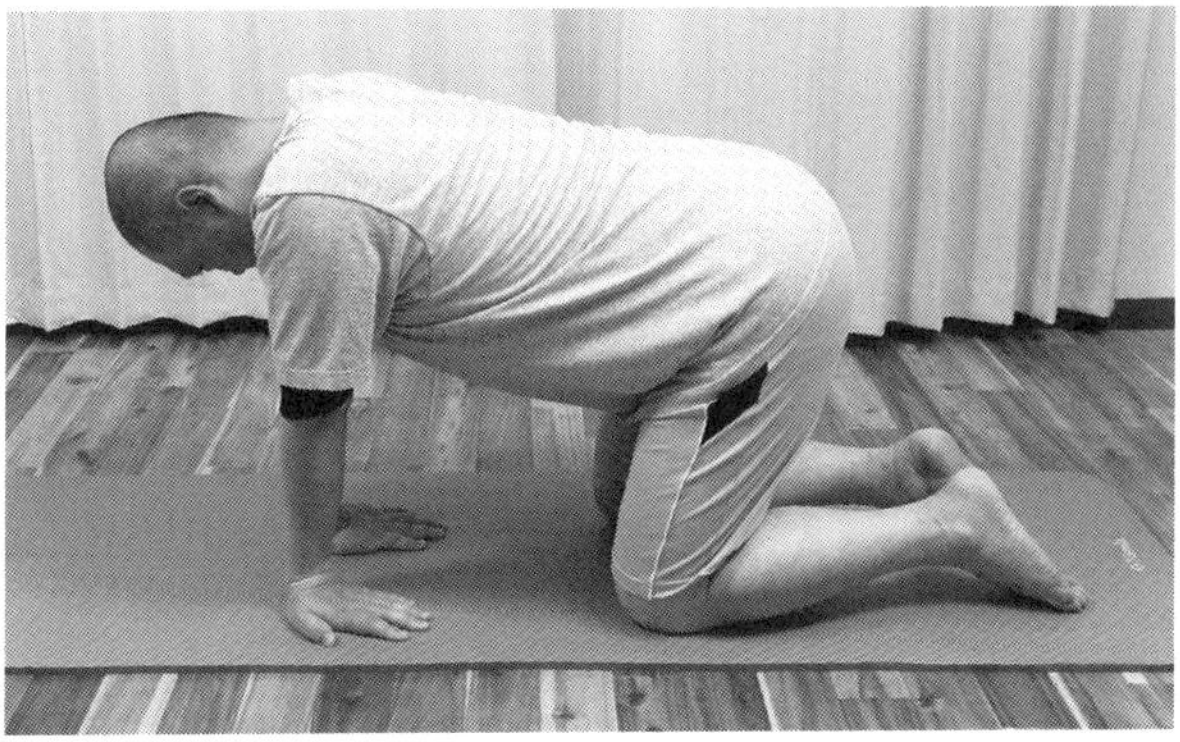

①【腕のストレッチ】正座をして、腕を肩幅ほどにひらき、指先が身体側に向くように手のひらを床につけて肘を伸ばす。無理のないところで止め、30秒～１分この姿勢をキープする。

テーブルで行った場合。

②もし、体勢がつらく圧力調整をする場合は、前後への重心移動で行う（簡単に言えば、お尻の上げ下げで行う）。

③ 今度は手の甲を床につける。

テーブルで行った場合。

④ ②と同じようにゆっくり重心移動（お尻の上げ下げ）を行い、無理のないところで止める。姿勢を30秒〜１分キープする。

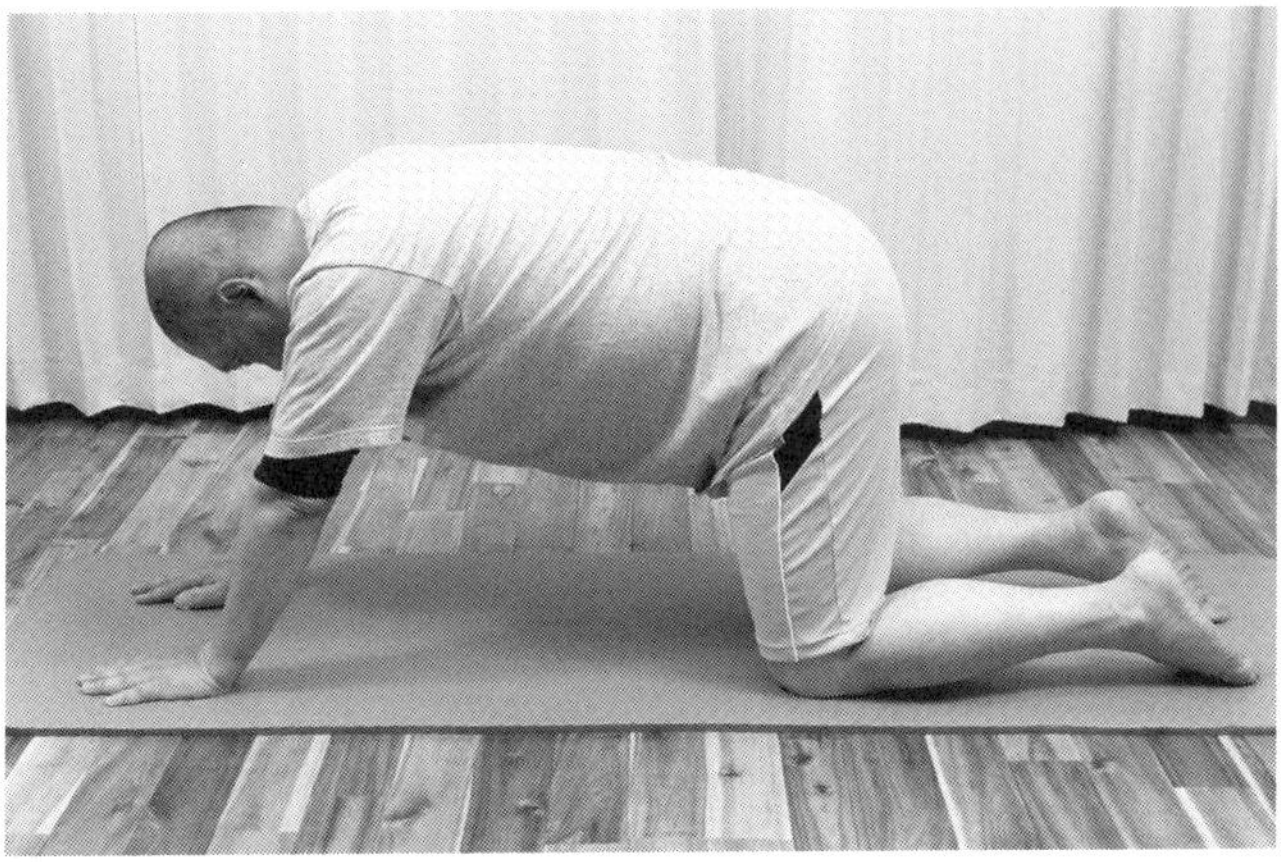

⑤【肩のストレッチ】膝を床について四つんばいになる。手を肩幅ほどにひらいて頭の上方に置く。

⑥腰を少しずつ落としていく。脇の下や上腕部が伸ばされた感覚のところで姿勢をキープし、口からハア～と息を吐く。30秒～1分この姿勢をキープする。

⑦ 手を肩幅より広い位置に置く。

⑧ ⑥と同じように腰を落としていき、30秒～1分この姿勢をキープする。これで大胸筋も伸びる。

⑨ 左手を肩と平行になる位置に置く。右手は楽な位置に適当に置く。

上から見たところ。

⑩ 左肩と頭を床につけて左腕を伸ばす。反対側も同じように行う。
※決して力を加えないこと。脱力するだけで身体の重みによって圧はかかる。

お尻のストレッチ

腰痛や坐骨神経圧迫を防ぐストレッチです。一日のうちで同じ姿勢を保つことが多い方はお尻もかたくなっているので、このストレッチでやわらかくしましょう。

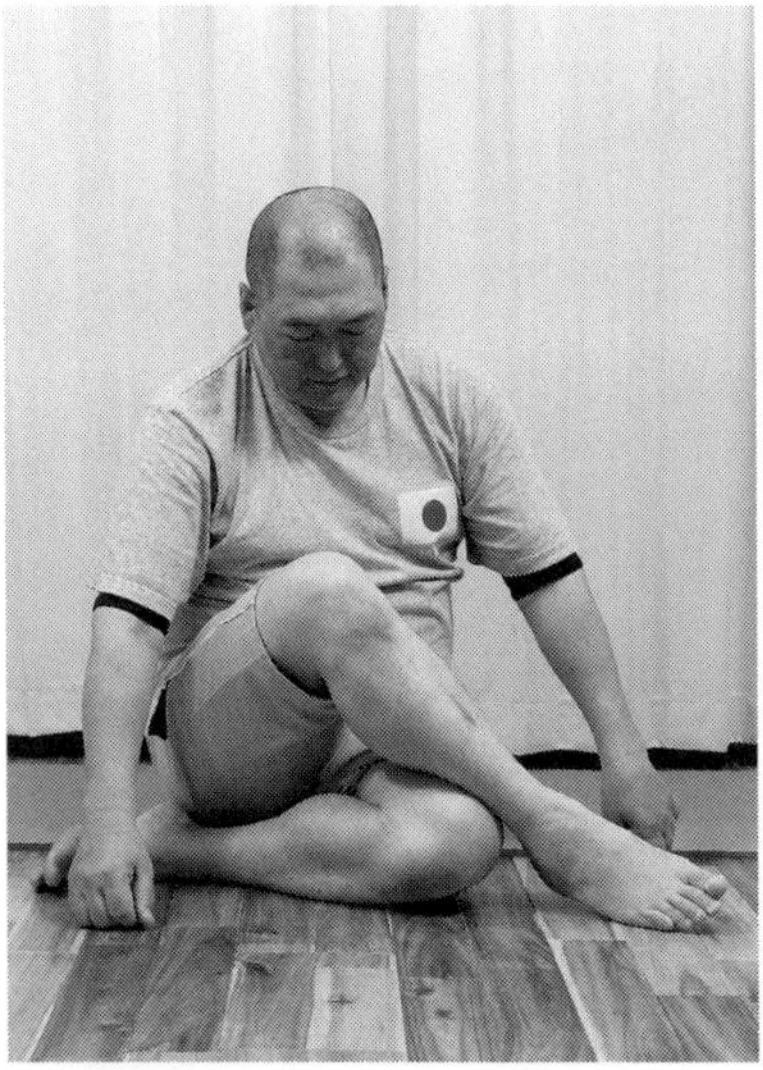

① 床に座って左膝の上辺りに右足のかかとを引っかけるように置く。

② 右膝に右肘をかけて抱えるようにし、身体に引き寄せるように脱力する（可能であれば左肘をはめ込むように右膝に引っかける）。この姿勢を30秒〜１分キープする。腕の力で足を引っ張らないように注意する。

③ 反対側も同じように行う。

日常の身体の使い方

日常的な立ち姿勢や呼吸法を正すことは、身体を歪ませないための基本です。姿勢を正そうとしてやりがちなのは、反り腰です。それでは腰に力がかかってかえって身体に負担をかけてしまいます。僕が考案した胸式呼吸法を実践することで、こうした間違った姿勢を、すぐに正すことができます。

リラックスするのに最もポピュラーな方法は腹式呼吸でしょう。しかしながらまともな呼吸、大先生方が小馬鹿にする胸式口呼吸の深呼吸ができる「達人」に出会ったことがありません。崇め奉られている方でも、明らかに借りものの言葉としか感じられない論陣を張って腹式呼吸に固執している姿を見ていると痛々しいものです。

腹式呼吸＝横隔膜を使う呼吸法です。胸式呼吸は、肋間筋や肋骨の動く範囲が少ないから、それは放っておいて、胸腔と腹腔を仕切っている膜状の筋肉である横隔膜を使う腹式呼吸のほうがより深く呼吸ができるから、それを重視しよう、というのが彼等の考え方です。胸式呼吸と腹式呼吸の両方を改善するための知識や技術を持っていないからそのような考え方になるのです。

腹式呼吸のほうが呼吸がたくさん入るという理屈は間違いではありません。でも、腹式呼吸は絶大な効果があるはずの理論なのに、呼吸が浅く、内臓下垂や不調を訴える方が増えているのはなぜでしょうか。それは、程度の低い腹式呼吸信仰が蔓延し、〝チープヨガ〟がそれに拍車をかけた結果、胸郭（肋骨まわり）が木箱のようにかたい人が急増したためです。

素《もと》呼吸法

胸郭（肋骨まわり）のかたさを改善するために、僕は施術の際に、立位で行う「人体物理式施術法」流の深呼吸（胸式口呼吸）「素呼吸法」を伝授しています。これができると本当の腹式呼吸もマスターできるようになるでしょう。

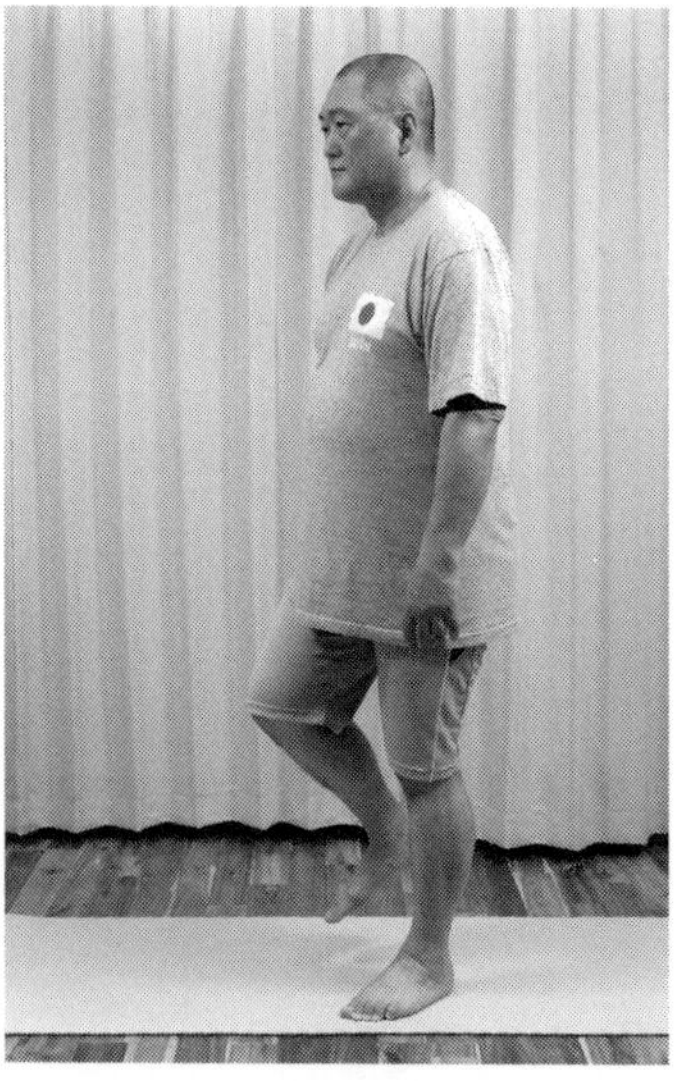

① 膝を数センチメートル前方に飛ばす感じでその場で3～5回足踏みをし、トントンッというリズムで足裏を着地させ、拇指球を起点（軸）に膝ごと足をキュッと、気持ち内股にしてセット完了。

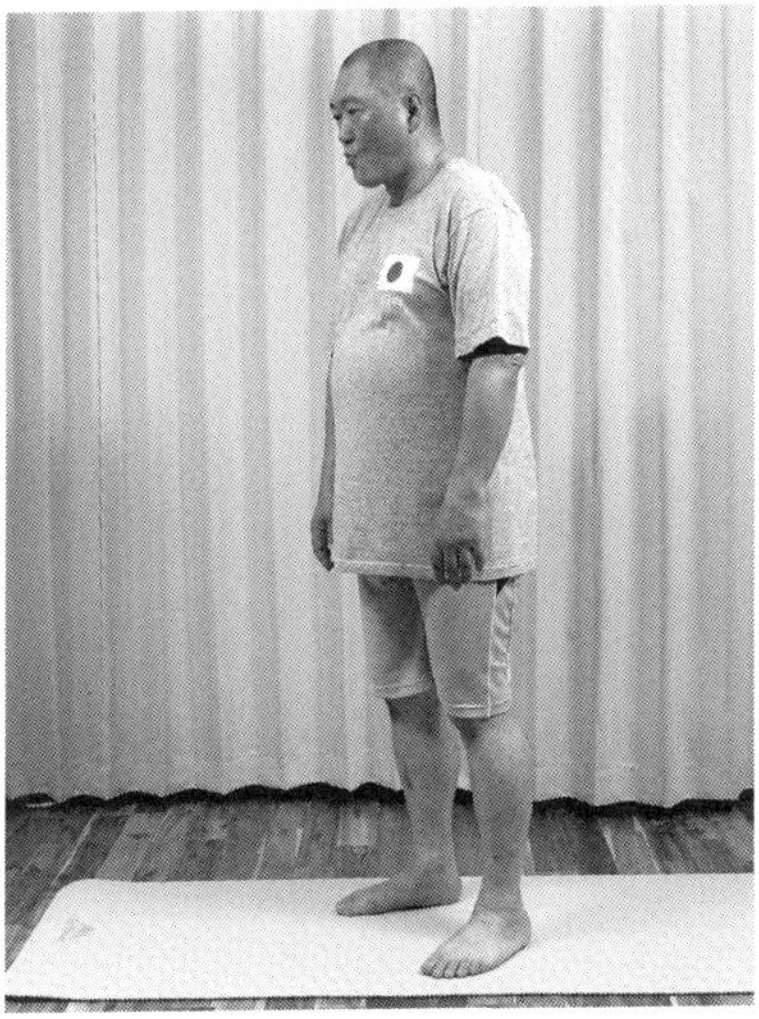

②「ホ」と言い、口の形を保ちながら、極太のうどんをすするように一気に息を吸い、肺を膨らませる。このとき、一切の筋肉運動をしないように心掛けること。肺をパンパンにすることだけを考え、ゆっくりと天を仰ぐように後頭部を後ろに傾け、気管に風を感じながら自然に吸引がストップするのを待つ。

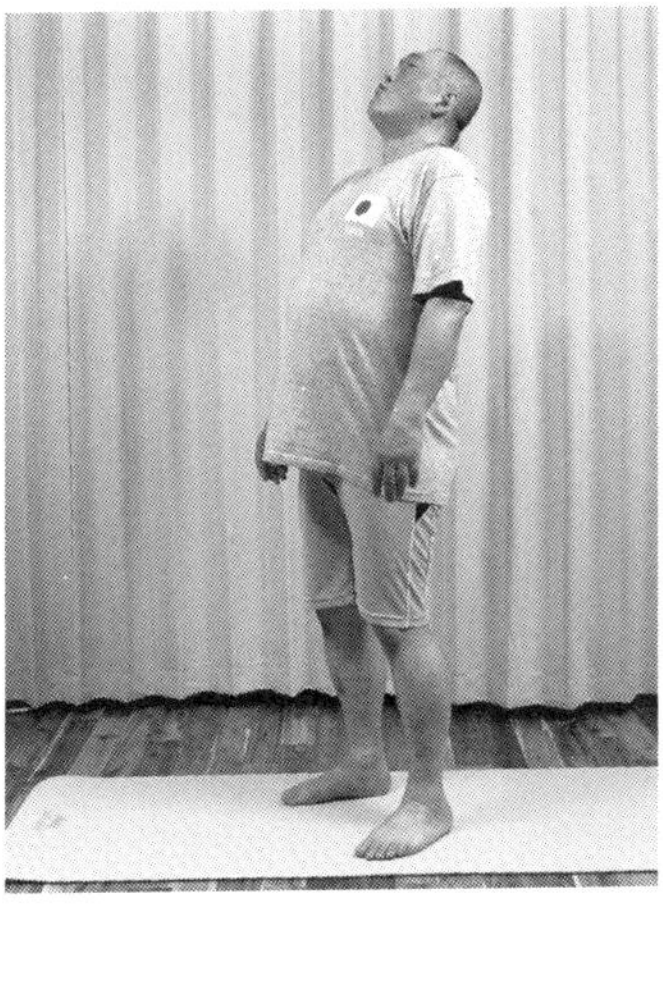

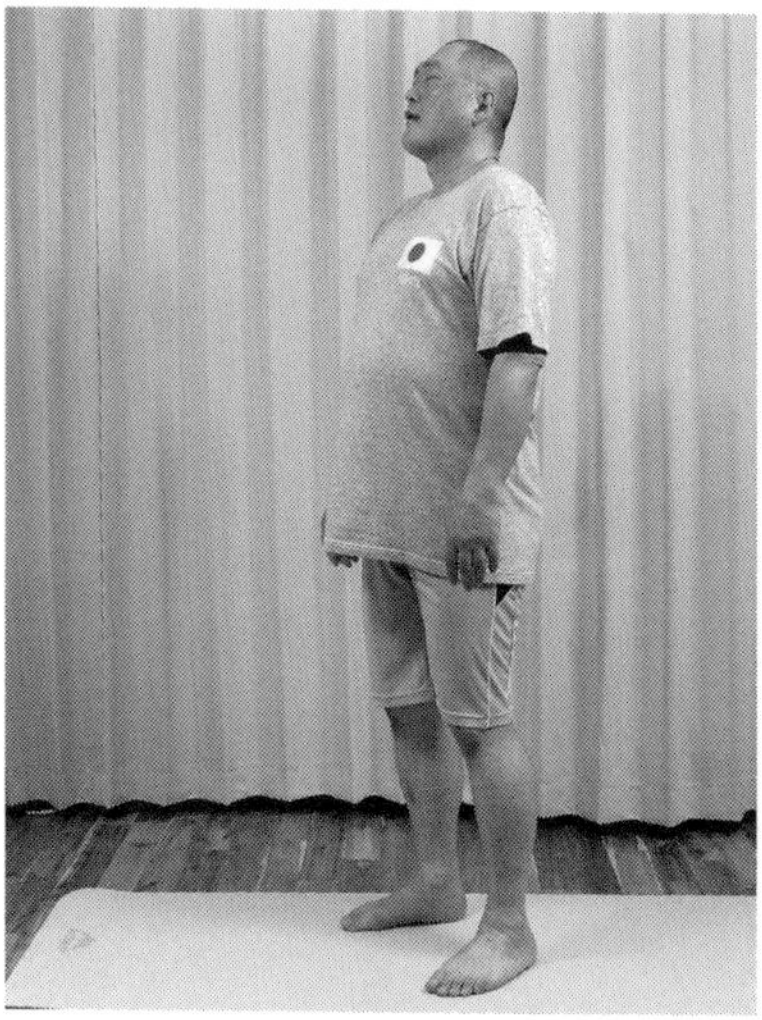

③ 口を「へ」の形にして、単に息を吐くというより、ため息のように息を漏らすイメージで抜く。苦しいと感じたときは腹筋に力が入っているため、そこからは口の形を保ったまま全身の力を抜くだけにする。

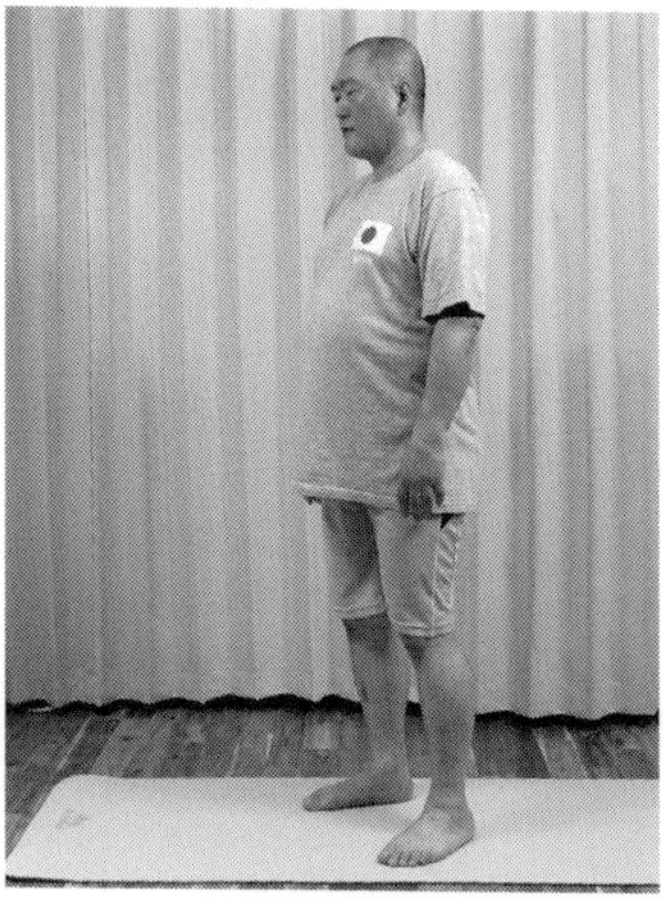

④ ②③を3回繰り返す。その後、鼻呼吸で腹式呼吸を行えば、驚くほどたくさん息が吸えるようになる。

ホルモンを活用した心の整え方

松果体とは、第三の眼ともいわれる脳器官で、覚醒と睡眠を切り替え、睡眠ホルモンとも呼ばれるメラトニンを分泌し、季節リズムや概日リズム(1日24時間周期のリズム)を調整する役割を担っています。朝日が松果体を活性化させることはよく知られていますが、ソルフェジオ周波数の963ヘルツも松果体を活性化し、メラトニンの生成を促して熟睡に導くといわれています。

モロッコの暮らしで日々ストレスに打ちのめされていた僕は、963ヘルツと癒やしの周波数といわれる528ヘルツがミックスされた音楽をYouTubeで見つけ、布団に潜り込んでからその動画を再生することで、何とか安眠を得ていました。

モロッコはアルガンオイルが有名ですから、天然のトランキライザー（精神安定剤）といわれるラベンダーエキスを配合したアロマオイルもよく使っていました。乾きは神経を逆撫でするので、寝るときはお湯を張った洗面器にラベンダーオイルを数滴垂らしたり、濡れタオルに数滴かけたりして、枕もとに置くことで室内の湿度を保ち、ソルフェジオ周波数との相乗効果を期待しました。

オキシトシンという言葉を耳にしたことのある方も多いのではないでしょうか。気持ちがいい、うれしい、楽しいと感じたときに脳内で生成されるホルモンで、愛情ホルモンとか幸せホルモン、絆ホルモンなどとも呼ばれています。オキシトシンを分泌させるための一番簡単な方法は、大好きな人とハグすることと聞いたことがあります。

僕の場合、大切な人や大好きな人はいたものの、宗教や文化的背景の関係で触れ合うことができない状況にありましたから、もっぱらネット動画で「笑える」を検索して楽しい気分になるようにし、何とか持ちこたえていました。笑って楽しい気持ちになることでもオキシトシンは分泌されます。オキシトシンが分泌されるのは、本来は母親が子どものために母乳を出すための身体の仕組みです。僕のように孤独を楽しむ男などと勘違いされないためにも、ぜひスキンシップに励んでいただきたいと願います。さあ、抱きしめて！

僕と同様に触れ合う相手が見つからない方は、脳内麻薬と呼ばれるドーパミンを活用しましょう。ドーパミンは快感を司る脳の各パーツを刺激し、元気ややる気を起こさせる報酬系統の神経系です。いわゆる快楽物質で脳内コカインとも呼ばれています。コカインや覚醒剤は脳内回路の報酬系統を誤作動させて過剰な快感を与えて依存症を招くため、非常に危険です。当然のことですが、天然系でいきましょう。

ドーパミンの原料はたんぱく質なので、たんぱく質を構成するアミノ酸を取ることが必要です。とくに必須アミノ酸（体内で生成できない9種類のアミノ酸）を含む食品を取ることが大切です。

必須アミノ酸を含む食品では、魚や大豆食品などがおすすめです。ドーパミンを増やす食品には、カフェインを含むコーヒーやスパイスを多く使ったカレー、激辛料理などもあります。ただカフェインはへバーデン結節や脳のトラブルの要因になるという報告もあるので、一長一短、痛し痒しといったところです。

痛し痒しといえば、ダイエットによいとされる食品には、イカ、タコ、カニ、エビなどもありますが、これらには痛風になるための強い味方プリン体が鬼のように含有されています。関節のトラブルの大きな要因である酸性の食べ物の摂取には気をつけましょう。また筋肉の酸化（硬化）は身体の代謝を下げる一因にもなります。本末転倒にならぬよう、よく考えて食事をするようにしたいものです。

オキシトシンやドーパミンを出すために手軽にできることとは、好きな音楽を聴くことです。共感という名の快感を促し、同時にリラックスもできます。格闘技やスポーツの選手が入場時やセットアップの時間に、自分の好きな曲をかけたり聴いたりするのも、ドーパミンやアドレナリンの分泌を促すというちゃんとした理由があってのことなのです。

ランニングやジョギング、水泳、サイクリングなどの有酸素運動も効果的です。スポーツは、達成感を得られるものがいいでしょう。幸福感や快感がドーパミンの分泌を促し、やる気や生きる力を与えてくれます。

脳トレ（脳を活性化させるトレーニング）もいいといわれているので、もと子ども会会長の僕が（40年ほど前）、子ども会でお兄さんお姉さんに教わった遊びで、大人になってからも脳活として活用できるものをいくつかご紹介します。

人生、たまには心をサボらせることも必要です。わざわざ傷みを探すのはやめて、物理的に効果のある方法で心を整えてみてはいかがでしょうか。

「もみの木」のリズムに合わせて

童謡「もみの木」のリズムに合わせ、左右の腕に違う動きをさせる遊びです。イタリアの大学のサバイバルトレーニングの授業でも行いましたが、皆、キャッキャ言いながら楽しんでいました。姿見を見ながらやると途中から両手とも円を描いていることに気づくでしょう。

① 両手の人差し指をピンと立て、両腕を前方に突き出す。

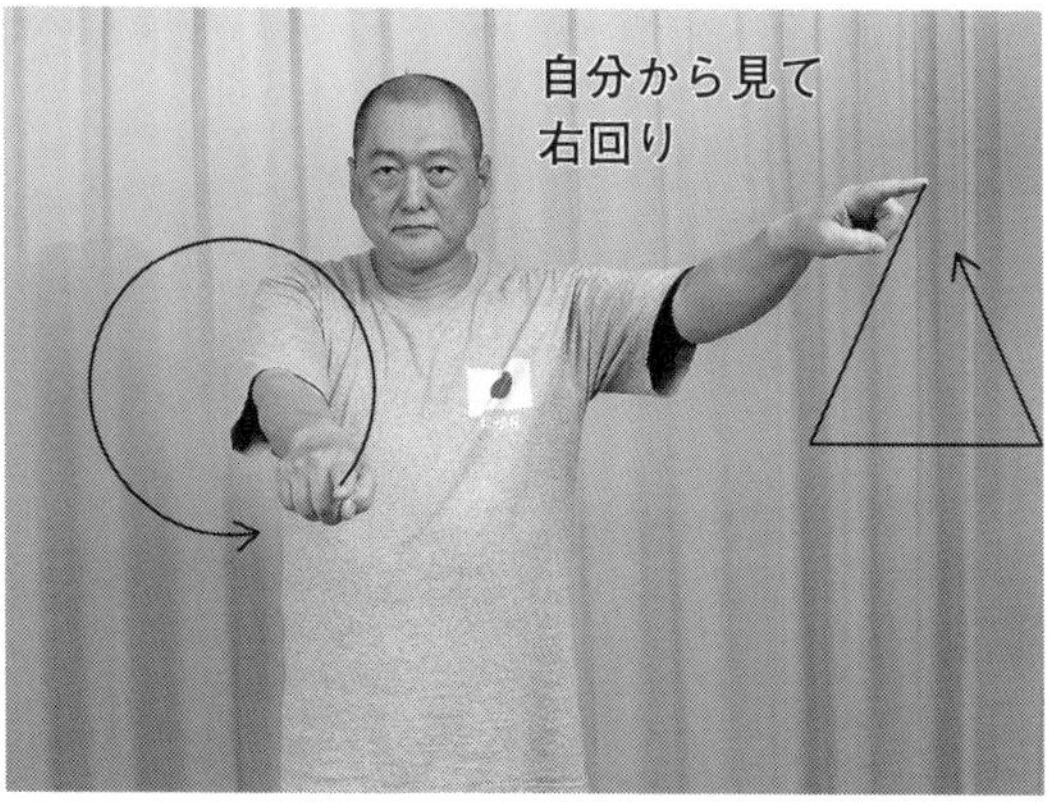

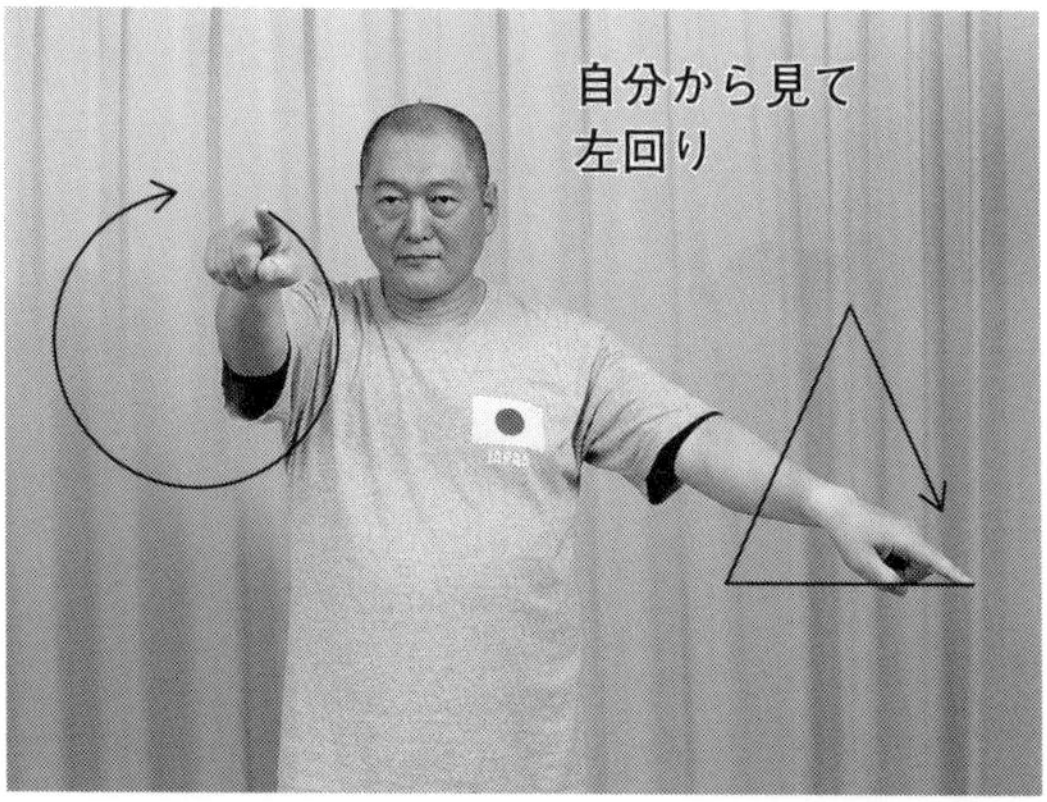

②「もみの木」を歌いながら右腕（利き手）は円形、左腕（利き手ではないほう）は三角か四角を指先で空中に描く。このとき、必ず腕を肩から回すことが重要。ポイントは右回り、左回りを交互に行うこと。利き手ではないほうで三角や四角を描くことは難しく、脳への刺激になる。

後出しジャンケンで負ける

これはかつてメディアでもよく取り上げられていたような記憶があります。遊び方は簡単で、普通に後出しジャンケンをするだけです。ただし後から手を出すほうが負けなければなりません。2人で対戦型で行うのが望ましいですが、1人遊びでも結構難しいのでやってみてください。1人でやるときは、例えば、左手でパーを出し、後出しの右手でグーを出して負けます。ゆっくり行えば右手でグーを出すのは簡単ですが、スピードを上げていくと本能で右（利き手）が勝ってしまいます。イタリアの大学で教えた際は、難しかったのか、学生が頭を抱えてかたまっていたのをよく覚えています。

右手はパー、左手はグー

これも簡単です。イタリアの大学で大勢に教えた際には、攻守2つのチームに分けて対戦させせました。攻守の入れ替え、守に攻の動作を真似させせるシステムにしたため、笑いと軽い怒号が飛び交い、大変盛り上がりました。

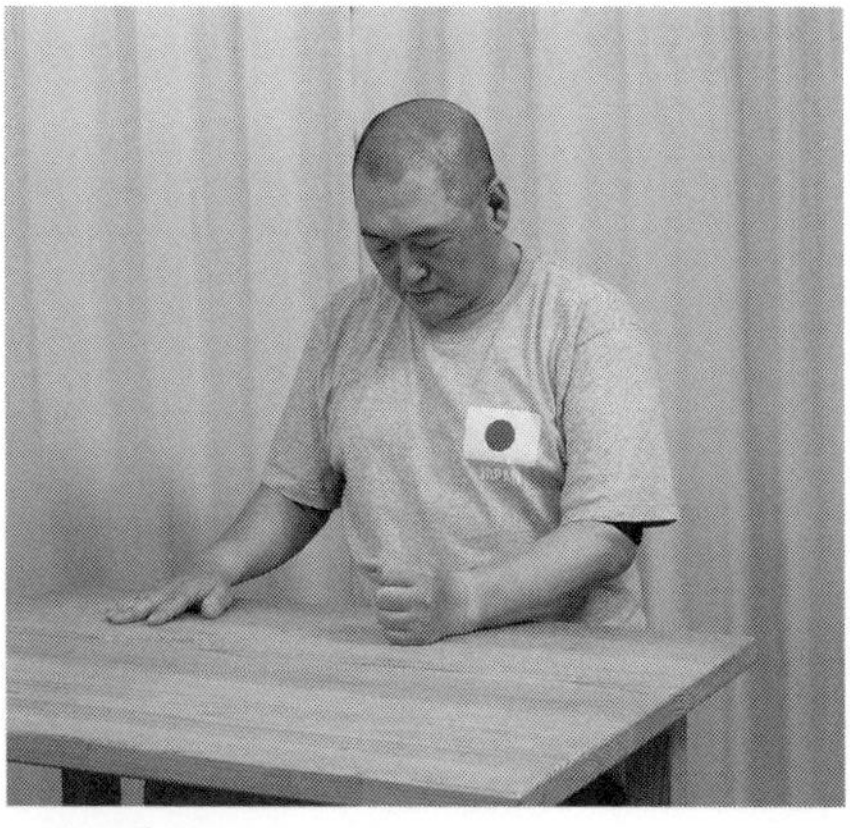

① テーブル（または床）に右手をパーに、左手をグーにして置く。

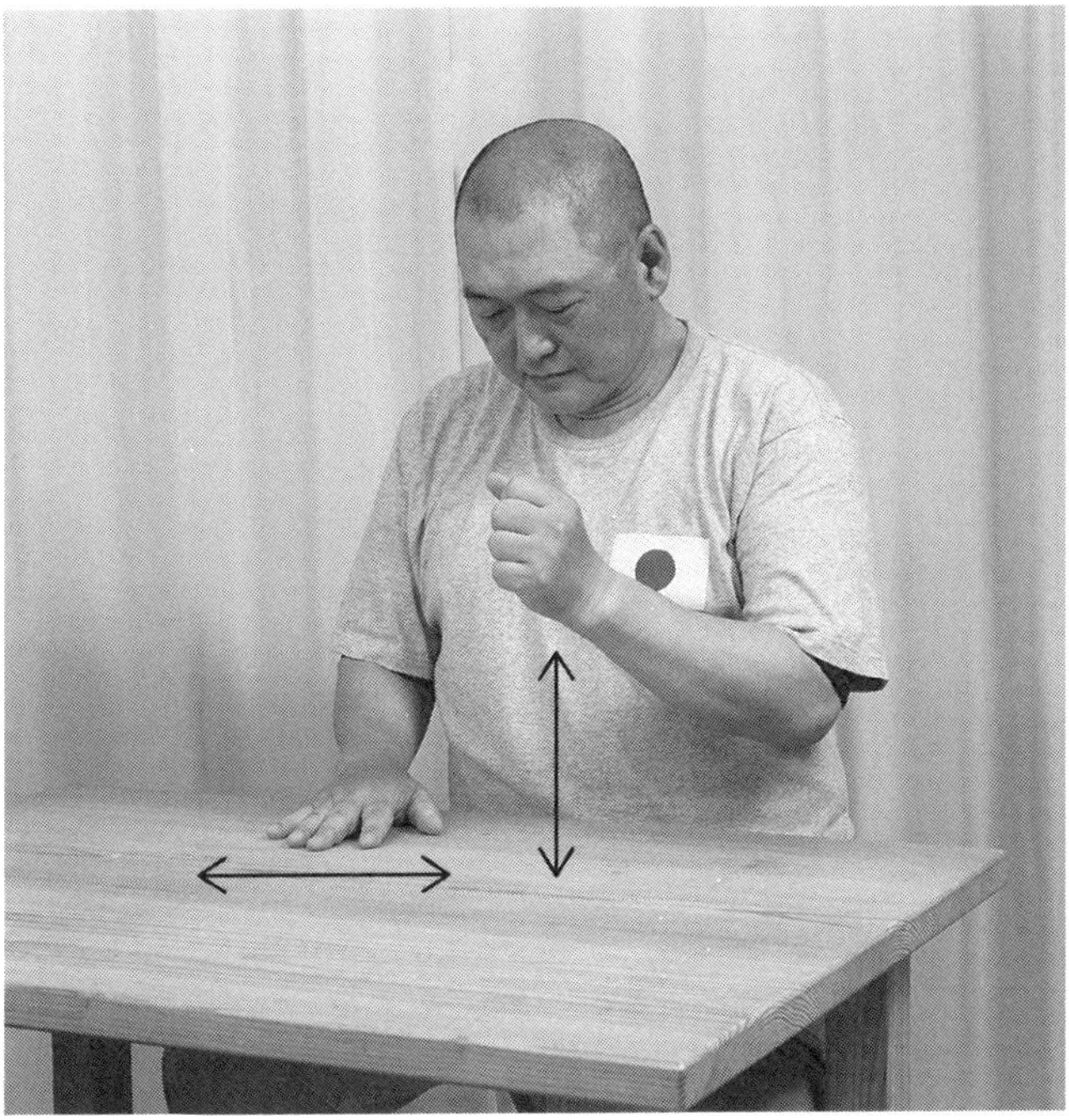

② パーにした右手は、テーブル上を左右に滑らせる。グーにした左手は、小指側をテーブルにドンドンと軽く叩きつける。

③ 右手をグー（テーブルを叩く）に、左手をパー（左右に滑らせる）に入れ替える。

④ ②と③を繰り返す。最初はゆっくりと行い、徐々にスピードを上げていく。

あとがき

今年の桜が散る季節、久しぶりに本職の一部門である防災コーディネートを某邸宅で行いました。はっきり言って、施術をするより、こちらのほうが断然楽しかったですね。

現在の生業は、あくまでも世を忍ぶ仮の姿、イタリアの大学では紹介プロフィールに防災とサバイバルのエキスパートと書かれている僕が、まさか施術理論と技術に関する書籍を世に出す日が来るとは夢にも思いませんでした。現実の世界にはそぐわない施術スペックの使い手である自分の物語が、果たして読者に受け入れてもらえるのか否か、不安もありました。僕を見つけてくださったヒカルランド代表取締役社長の石井健資氏をはじめこの本に携わり、支え励ましていただいたすべての方に深く感謝申し上げます。

最初は、たった1人のために紡ぎ始めた「人体物理式施術法」というラブソングですが、より多くの「楽」を求める人々の耳に届くことを願っています。

最後に、友人であり大恩人でもあるピエールに最高級の深謝を贈らせていただきます。

「有り難う、友よ」

服部修身

服部修身　はっとり おさみ
1968年2月11日生まれ。愛知県名古屋市出身。いわゆる不良少年だった中学生時代から格闘技に傾倒し、20代には陸上自衛隊とフランス外人部隊を経験する。フランス外人部隊退役後、イタリアにて社会貢献活動に参加。その後、帰国し就労するも刺激のない生活になじめずイタリアに渡航。結婚を機に帰国。11年間のサラリーマン生活を経て、諸事情により兵士として現役復帰するために渡欧。イタリアで防災・サバイバルインストラクターとして活動。以降、北アフリカにも活動の輪を広げ、モロッコではボランティアや障がい者医療に携わり、約10年間を海外で過ごす。2020年、コロナ禍の影響でやむなく帰国。現在は東京を主戦場にセラピストとして活動中。

Facebook
https://www.facebook.com/osami.hattori.14

戦場サバイバルから生まれた
人体物理式超越施術

第一刷　2023年7月31日

著者　服部修身

発行人　石井健資
発行所　株式会社ヒカルランド
〒162-0821　東京都新宿区津久戸町3-11　TH1ビル6F
電話　03-6265-0852　ファックス　03-6265-0853
http://www.hikaruland.co.jp　info@hikaruland.co.jp
振替　00180-8-496587

本文・カバー・製本　中央精版印刷株式会社
DTP　株式会社キャップス
編集担当　揚石圭子

ISBN978-4-86742-281-6

★音響チェア《羊水の響き》

脊髄に羊水の音を響かせて、アンチエイジング！
基礎体温１℃アップで体調不良を吹き飛ばす！
細胞を活性化し、血管の若返りをはかりましょう！

特許1000以上、天才・西堀貞夫氏がその発明人生の中で最も心血を注ぎ込んでいるのがこの音響チェア。その夢は世界中のシアターにこの椅子を設置して、エンターテインメントの中であらゆる病い／不調を一掃すること。椅子に内蔵されたストロー状のファイバーが、羊水の中で胎児が音を聞くのと同じ状態をつくりだすのです！　西堀貞夫氏の特製 CD による羊水体験をどうぞお楽しみください。

Ａ．自然音Ａコース　60分／10,000円
Ｂ．自然音Ｂコース　60分／10,000円
Ｃ．自然音Ａ＋自然音Ｂ　120分／20,000円

★ソマチッド《見てみたい》コース

あなたの中で天の川のごとく光り輝く「ソマチッド」を暗視野顕微鏡を使って最高クオリティの画像で見ることができます。自分という生命体の神秘をぜひ一度見てみましょう！

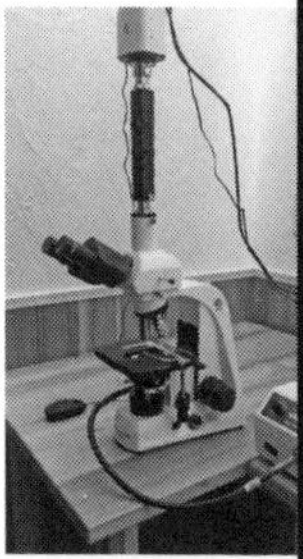

Ａ．ワンみらくる　1回／1,500円（5,000円以上の波動機器セラピーをご利用の方のみ）
Ｂ．ツーみらくる（ソマチッドの様子を、施術前後で比較できます）2回／3,000円（5,000円以上の波動機器セラピーをご利用の方のみ）
Ｃ．とにかくソマチッド　1回／3,000円（ソマチッド観察のみ、波動機器セラピーなし）

元氣屋イッテル
（神楽坂ヒカルランド　みらくる：癒しと健康）

神楽坂《みらくる波動》宣言！

元氣屋イッテル（神楽坂ヒカルランドみらくる：癒しと健康）では、触覚、聴覚、視覚、嗅（きゅう）覚、味覚の五感を研ぎすませることで、健康なシックスセンスの波動へとあなたを導く、これまでにないホリスティックなセルフヒーリングのサロンを目指しています。ヒーリングは総合芸術です。あなたも一緒にヒーリングアーティストになっていきましょう。

★《AWG ORIGIN®》癒しと回復「血液ハピハピ」の周波数

生命の基板にして英知の起源でもあるソマチッドがよろこびはじける周波数をカラダに入れることで、あなたの免疫力回復のプロセスが超加速します！

世界12カ国で特許、厚生労働省認可！　日米の医師＆科学者が25年の歳月をかけて、ありとあらゆる疾患に効果がある周波数を特定、治療用に開発された段階的波動発生装置です！　神楽坂ヒカルランドみらくるでは、まずはあなたのカラダの全体環境を整えること！　ここに特化・集中した《多機能対応メニュー》を用意しました。

A．血液ハピハピ＆毒素バイバイコース
60分／8,000円

B．免疫 POWER UP　バリバリコース
60分／8,000円

C．血液ハピハピ&毒素バイバイ+免疫 POWER UP バリバリコース　120分／16,000円

D．脳力解放「ブレインオン」併用コース
60分／12,000円

E．AWG ORIGIN® プレミアムコース
60分×9回／55,000円

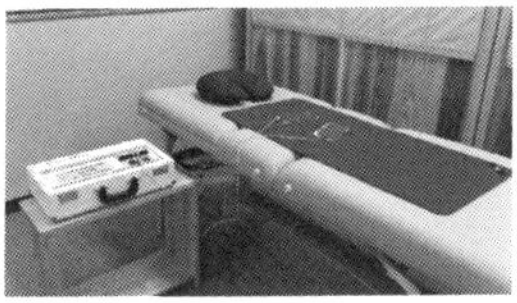

※180分／24,000円のコースもあります。
※妊娠中・ペースメーカーご使用の方にはご案内できません。

※その都度のお支払いもできます。

AWGプレミアムメニュー

2週間～1か月に1度のペースでお受けいただくことをおすすめします。

①血液ハピハピ＆毒素バイバイコース
②免疫 POWER UP バリバリコース
③お腹元気コース
④身体中サラサラコース
⑤毒素やっつけコース
⑥老廃物サヨナラコース
⑦⑧⑨スペシャルコース

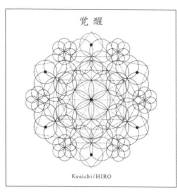

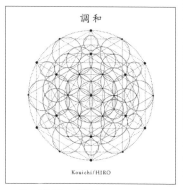

本といっしょに楽しむ イッテル♥ Goods&Life ヒカルランド

睡眠中に身体に溜まった不要な電気を大地へ
深い眠りをサポートし、明日への活力を生み出す

５Ｇ開設に伴い一層強力化した電磁波、日々の生活の中で受けるストレス――。こうした環境におかれた現代人は不要な電気＝静電気を体内に帯電する傾向にあります。帯電状態の蓄積を放置すれば、自律神経の乱れや疲労につながり、健康や美容面でもトラブルを引き起こすリスクになります。本来は疲れを癒し、毎日の活力を生み出す睡眠が、いくら寝ても疲れが取れないという事態にもなりかねません。そこで、睡眠時間を利用して溜めこんだ不要な静電気を放電・アーシングできる寝具セットが、地場修正のプロ「白姫ラボ」から登場しました。

アースする上で鍵となる繊維が「導電マルチナイロンフィラメント」です。ナイロン素材に炭素と酸化チタンを特殊技術によって融合した黒い繊維で、高い静電気放電能力を発揮します。無漂白で優しい肌触りの天然コットンに、この導電マルチナイロンフィラメントを縦横に縫い込んだシーツやブランケットは、触れるだけでも静電気を放電し、アーシングコードをコンセントにつなげば、寝ている間に全身を効率よくアース。心地よいエネルギーが体を優しく包み込んでいきます。金属不使用なので、金属アレルギーの方にも安心。洗濯しても効果に変わりありません（洗濯ネット使用、柔軟剤の使用は不可）。

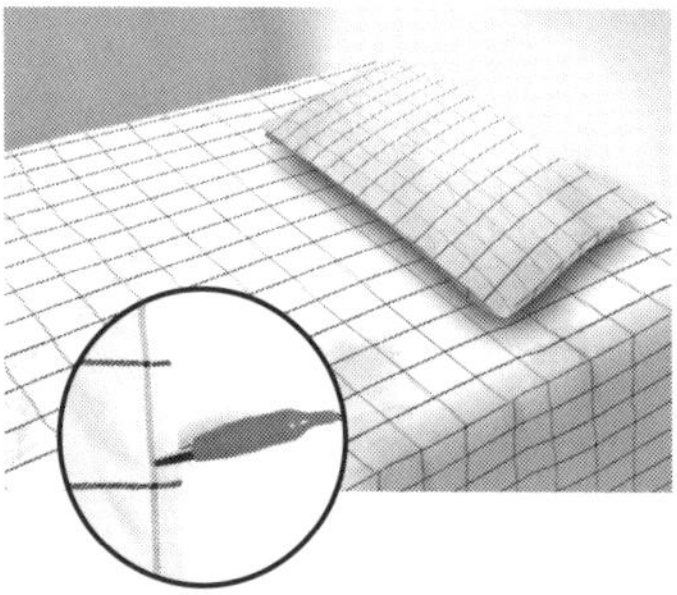

アーシングオールナイト
■ 22,000円（税込）
●セット内容：アーシングシーツ１枚（250㎝×110㎝）、アーシングブランケット１枚（70㎝×110㎝）、アーシングコード３ｍ×２本（コンセント用、アース端子用） ●素材：綿85％、導電性ナイロンフィラメント15％（炭素２％以内）
●洗濯可能
※ブランケットは枕カバーとしてご利用いただけます。 ※付属されているコード２本のうち、１本はコンセントのアース側に差し込むもの。もう１本は洗濯機置き場などのコンセントにあるアース端子につなげるものとなります。 ※アース端子の落雷時のご使用はお控えください。

《使用方法》
①検電ドライバー（家電量販店などでお買い求めください）で、コンセントのアース側を確認。②検電ドライバーで赤く点灯しない側にアーシングコードをつなぐ。③アーシングコードをコンセントのアース側に接続し、もう一方をシーツの黒い繊維部分につないで完了。

【お問い合わせ先】ヒカルランドパーク

＊ご案内の価格、その他情報は発行日時点のものとなります。

本といっしょに楽しむ イッテル♥ Goods&Life ヒカルランド

【ヒカルランドSTYLE　528Hz音叉】

傷ついたDNAを修復するとも言われている528Hzは、音叉療法でも一番に用いられる基本の周波数です。愛の周波数、癒しの周波数とも呼ばれています。現代人は、電磁波だけでなく、複雑な人間関係などで何かとストレスのたまりやすい環境に囲まれています。528Hzの周波数は、まさにハートサポートに欠かせないものという認識が一般に広がり始めています。ヒカルランドが日本有数の音叉メーカー株式会社ニチオンと共同製作した528Hzの音叉で、あなたの健康増進、ハートヒーリングにぜひ役立ててください。思いを込めて一本一本手創りで制作いたしました。

●エナジーアップ528／ホツマグランデ

持ち手の部分に工夫を凝らし、握りやすくなっています。また、底の部分を体の気になる部分にあてれば、直接体の中に周波数を入れることができます。さらに特徴としましては、神代文字［言霊治癒］で知られる片野貴夫さんに依頼して、もっとも言霊POWERを秘めた16文字の音霊チャントを左右に刻印しています。

音叉本体長さ：24.5cm　叩き棒、特製布袋つき　販売価格：26,481円（税込、送料無料）

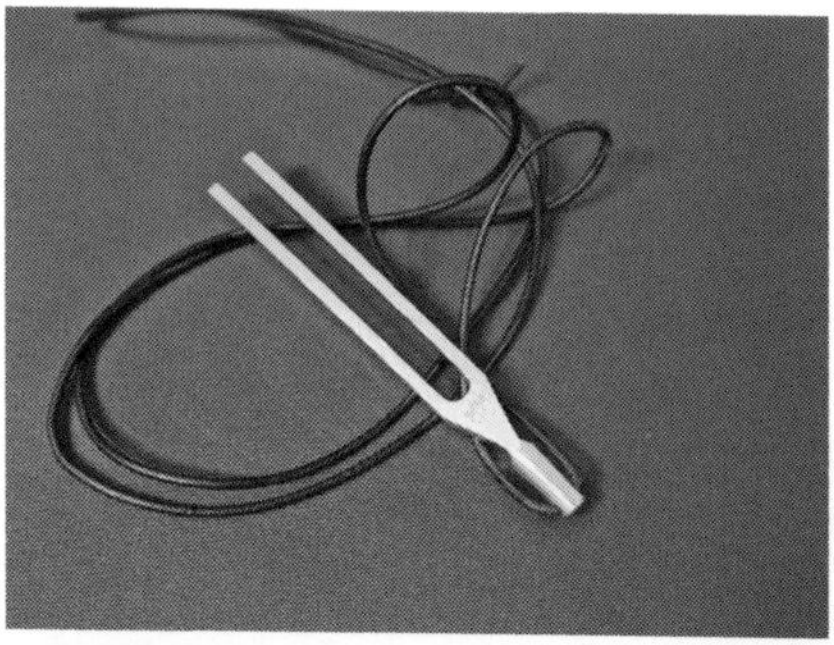

●いつでもどこでも528／ピッコロゴールド

ピッコロゴールドはコンパクトなサイズで革紐付きなので、首に下げて、あるいはお手持ちのバッグ類などにつけて、いつでも持ち歩いていただけるタイプです。二本の指で弾くその音は、小さくてあなた以外の周りにはほとんど聞こえないため、外出先でもいつでも使え、場所も選びません。それでもしっかり528Hzの周波数です。あなたのハートヒーリングにぜひご活用ください。

音叉本体長さ：8.5cm　革紐長さ：45cm　販売価格：13,241円（税込、送料無料）

【お問い合わせ先】ヒカルランドパーク

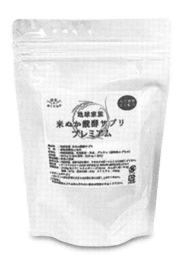

ヒカルランド　好評既刊！

地上の星☆ヒカルランド　銀河より届く愛と叡智の宅配便

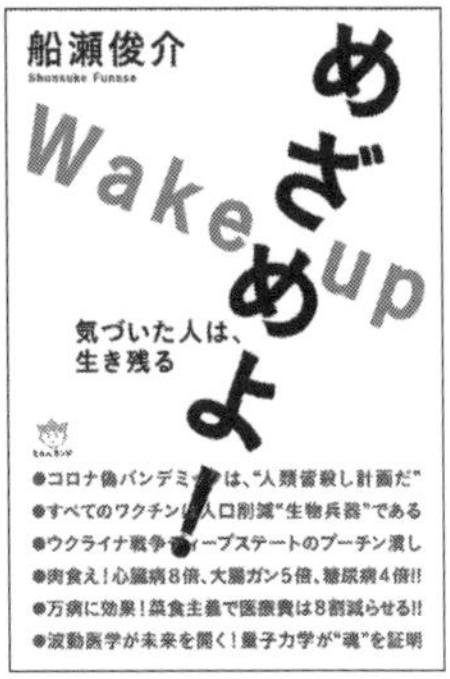

めざめよ！
著者：船瀬俊介
四六ソフト　本体2,000円+税

世界をだました５人の学者
人類史の「現代」を地獄に墜とした悪魔の“使徒”たち
著者：船瀬俊介
四六ソフト　本体 2,500円+税

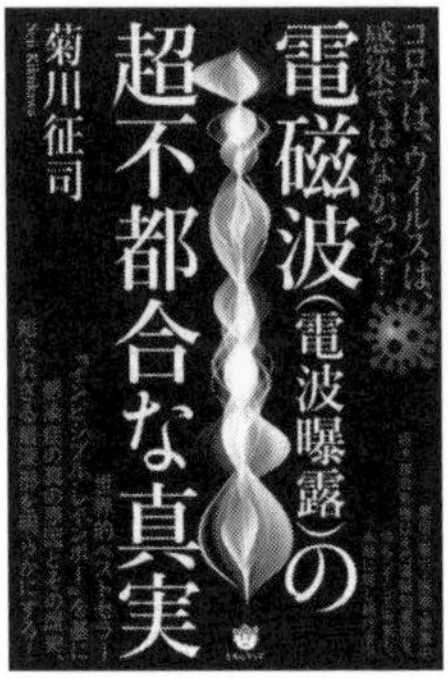

コロナは、ウイルスは、感染ではなかった！
電磁波（電波曝露）の超不都合な真実
著者：菊川征司
四六ソフト　本体 2,000円+税

身体と心と建物の免疫力を高める！
「免疫力の家」16の秘密
著者：伊豆山幸男
四六ソフト　本体 2,000円+税

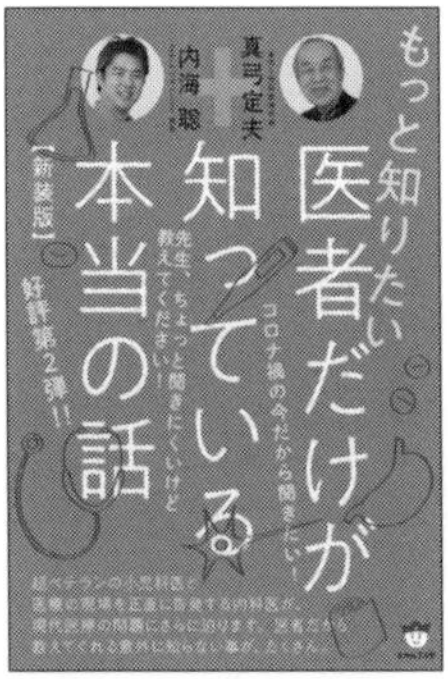

【新装版】もっと知りたい
医者だけが知っている本当の話
著者：内海 聡／真弓定夫
四六ソフト　本体 1,700円+税

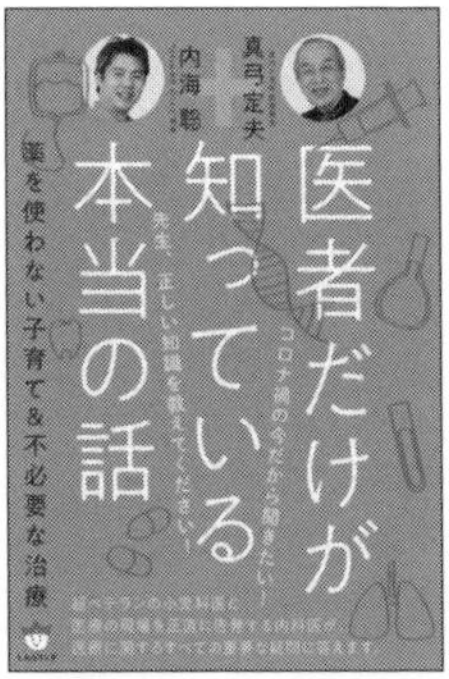

【新装版】
医者だけが知っている本当の話
著者：内海 聡／真弓定夫
四六ソフト　本体1,700円+税

ヒカルランド　好評既刊!

地上の星☆ヒカルランド　銀河より届く愛と叡智の宅配便

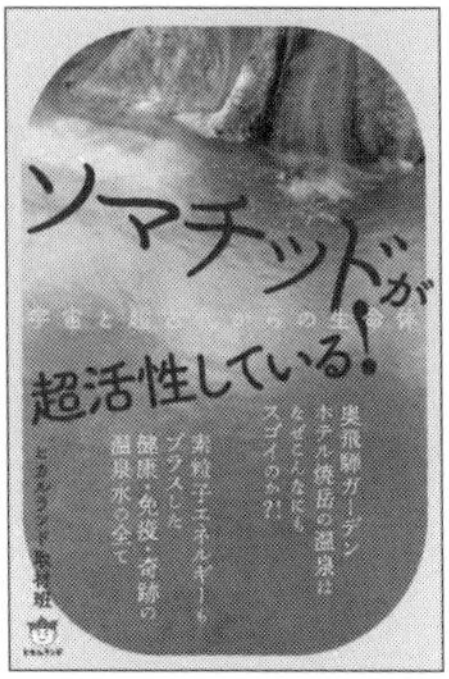

宇宙と超古代からの生命体
ソマチッドが超活性している!
著者:ヒカルランド取材班
四六ソフト　本体 1,800円+税

やはり、宇宙最強!?
蘇生の靈草【マコモ伝説】のすべて
著者:大沢貞敦
四六ソフト　本体 1,700円+税

長寿の秘訣
松葉健康法
待望の名著、ついに復刻!
著者:高嶋雄三郎
四六ソフト　本体 2,400円+税

[復刻版] 医療殺戮
著者:ユースタス・マリンズ
監修:内海 聡
訳者:天童竺丸
四六ソフト　本体 3,000円+税

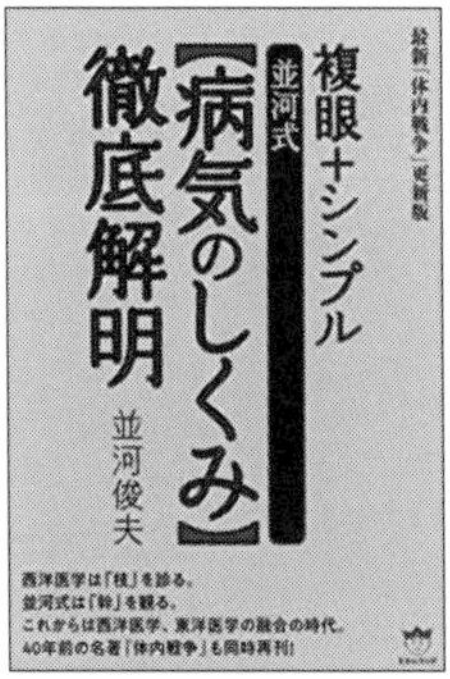

複眼+シンプル【並河式病気のしくみ】徹底解明
著者:並河俊夫
四六ハード　本体 1,800円+税

[超復刻版]
体内戦争
著者:並河俊夫
四六ソフト　本体 3,000円+税